法学国家特色建设专业实验实践教学系列教材

总主编 吴建依

模拟法庭演练

王 伟 主编

ZHEJIANG UNIVERSITY PRESS
浙江大学出版社

法学国家特色建设专业实验实践教学系列教材

编写委员会

总主编　吴建依

编　委　吴建依　郑曙光　王　伟

　　　　陈海波　尹　力　石　慧

序　言

　　美国大法官霍姆斯有句名言:法律的生命从来不是逻辑而是经验。也就是说,法律的学习者只掌握法律知识是远远不够的,更重要的是掌握从事法律实务的职业技能。而这种技能是无法从传统的理论教学中学到的,需要我们更新教学方法,并为实践这种教学方法构建良好的平台。目前法律院校为培养学生的这种技能而开展的教学方法主要有:模拟法庭、法律诊所、案例教学法。(1)模拟法庭是学生根据老师提供的框架性案例资料,分别扮演审判员、检察官、被告、辩护人等不同角色,依照人民法院开庭审理案件的完整程序进行演练,以达到熟悉审判程序的目的。(2)法律诊所教育的特点是仿效医学院利用诊所实习培养医生的形式,通过诊所教师指导学生参与法律实际应用的全过程,培养学生的法律实务能力,促进学生对法律的理解和掌握,实现课堂上法律理论知识的传授与课堂外法务技能的培养有机结合。(3)案例教学法是根据课程教学大纲规定的教学目的和教学要求,以案例为基本教材,在教师的指导下,运用多种形式启发学生独立思考,对所提供的案例材料进行深入分析,并对问题的解决提出具体的方案,以此来提高学生分析问题和解决问题的能力。

　　宁波大学法学系自 1986 年开始设立并招收法学专业本科生以来,一直以"培养面向地方民主法治建设需要的应用性复合型人才"为目标,教学方法上也十分强调模拟教学(庭审模拟和非诉讼法律行为演练)、诊所教学、案例教学、探究式教学等,使理论教学和实践教学有机统一。2001 年修订法学专业本科生培养方案时,整合实验实践教学内容,设置了"模拟法庭"、"非诉讼法律行为"、"法律诊所"等实验实践课程,并列入人才培养方案。为保证实验实践教学的正常进行,学院先后建设了"模拟法庭"、"非诉讼法律行为实验室"、"法律诊所"等教学实验室。其中,"模拟法庭"实验室是根据人民法院审判庭的结构建造的,可以容纳 200 多个学生旁听;"非诉讼法律行为实验室"在全国法律院校中属首创,在2003 年教育部开展的本科法学专业评估中,受到了专家的高度肯定;"法律诊所"是与"弱势群体维权中心"合二为一的,学生可以接触到来自社会底层的法律诉求,运用自己学过的法学知识帮助这些群体解决生活中遇到的法律问题,使教学内容具有现实针对性。经过十余年的发展,实验实践教学的教学效果十分明显,但问题也逐渐呈现,如:模拟教学虽然可以通过模拟庭审,让学生加深对庭审程序的理解和掌握,但是鉴于课时和实验场地等条件的限制,在模拟庭审中经常出现多数人旁观、少数人演练的局面,很难激发旁观的多数人参与庭审教学活动的积极性和主动性;非诉讼法律行为演练教学也因为实验教学课时、实验教学场地等条件的限制而导致有些项目不能有效进行;诊所教学因为"现实案件"的不足使学生很难"临床诊断"与"治疗"。针对这些问题,2007年,我们向国家财政部、教育部申报并获批了"法学模拟实验教学中心"的建设项目,并得到150万元的资金支持。用这些资金,我们制作了:(1)诉讼模拟教学系统(B/S结构)。包含有教师用于教学的案例与庭审实录管理、法律法规库管理、诉讼程序模拟练习题库管理等功能,还有学生用于学习的3D软件庭审视频回放、真实庭审实况录播、文字庭审案例学习、法律法规学习、诉讼程序模拟练习等功能。(2)非诉讼模拟教学系统(B/S结构)。学生可以通过该软件进行模拟企业资信调查、模拟法律实务谈判、模拟选举、模拟立法、模拟票据流转、BOT投资模拟等非诉讼学习。(3)3D模拟法庭(B/S+C/S结构)。在整个3D模拟法庭运作进程中,学生可以亲历"法官"、"当事人"、"律师"等各个不同的角色,通过案情讨论、制作相关法律文书、主持庭审、在庭上陈述、举证、质证、辩论、评议、宣判等过程,提高实务操作的能力,同时能够训练司法速记、司法文书写作等各方面的基本专业技能。(4)增设网上法律诊所和流动法律诊所。这些软件和设施的充分运用,解决了常规模拟实验教学中存在的弊端,有效地调动了学生参与实验实践教学的积极性,提升了学生的逻辑思维能力和法律知识的综合运用能力。近三年的研究生考试、公务员考试和司法考试充分印证了这一点,特别是法律院校普遍关注的司法考试通过率最近三年更是达到了62.5%、67.5%、74.8%;"法律诊所(弱势群体维权中心)"教学中因学生代理当事人打赢官司而受到社会高度关注,《光明日报》、《浙江日报》等媒体多次以"大学生律师,在服务社会中成长"为题进行了报道。

为了与大家分享实验实践教学成果与做法,很早以前我们就开始商讨对学院近年来实验实践教学的情况作一总结,一直到2009年教育部批准学院的法学专业为国家特色建设专业后,我们才真正着手筹划实验实践系列教材的编写,成立了实验实践教学系列教材编写委员会,初步拟定了《模拟法庭演练》、《非诉讼法律行为演练》、《法律诊所理论与实践》三本教材,并确定了教材的编撰者。此后,三位编撰者提出了教材的编写思路和主要内容。经过系列教材编写委员会的讨论,最终确立了相应的写作提纲。经过编著者两年的努力,最终完成了书稿,交付出版。

本实验实践教学系列教材具有以下特点:(1)内容全面。既有模拟实验教学又有实践教学,模拟实验教学中既有所有法律院校共有的模拟法庭教学,又有学院独有的非诉讼法律行为模拟教学。(2)操作性突出。不管是模拟法庭、非诉讼法律行为演练还是法律诊所,都是对我们自己实验实践教学的概括和总结,具有较强的可操作性。《模拟法庭演练》是与模拟诉讼教学系统相配套的一本教材,学生根据教材就可以自己进行操作,以不同的角色参与庭审过程,了解庭审程序。(3)结构合理。每本教材不仅总结了实验实践教学的相关做法,而且还有相关理论的介绍,在此基础上,对实验实践教学的相关理论进行了一定的提升。

可以说,这套教材是学院近二十年来实验实践教学成果的总结。当然,法学实验实践教学的改革没有最好,只有更好,"路慢慢其修远兮,吾将上下而求索",在以后的时间里,我们还将与法律实务部门的同志一起编著出版法学案例教学系列教材,希望这些教材的出版对其他法律院校开展实验实践教学能起到一定的参考作用。

吴建依

2012 年 8 月 10 日

于宁波大学

目 录
CONTENTS

第一章　模拟法庭概述

第一节　模拟法庭的概念与现状

一、模拟法庭的定义

从词源上看,英文中与"模拟法庭"对应的常用词有四个:一是"moot court",译为"模拟法庭",通常指在法学院举办的讨论模拟或者假设案例的虚拟法庭,一般模拟上诉审;它是教授审判程序、证据规则、法律辩论、庭审技能和具体审判制度的一种教学方法和课程。[①] 二是"mock court",通常认为,"mock court"是"moot court"的同义词,而以"moot court"尤为常用。三是"mock trial",直译为"模拟审判",它主要指代理律师为了确定案件策略、评估诉讼价值和风险以及案件的优劣势而举行的一次庭前"模拟审判"。[②] 四是"mooting",可译成"模拟法庭",在我国香港、马来西亚等地法学院的本科课程里比较常见。[③]

目前我国法学界对模拟法庭含义的认识并不统一,关于模拟法庭的概念,学者们从不同的角度,做了不同的论述。归纳起来,主要有以下几种定义:

（一）教学方法说

这种观点认为,模拟法庭是"把主体与客体、解决问题与系统学习、知识传授与能力培养充分地结合起来,使学生在教师指导下,根据精选的典型案例分别担任不同的法庭角色,以法庭审判为参照来模拟审判的教学活动,促进学生综合运用实体法、程序法,文书制作、辩论技巧以及相关知识解决个案的实践能力,是融实践、理论与思想于一体的教学方法"。或者认为,"模拟法庭（moot court),又名假设法庭,是指在教师的指导下,以学生为主体,运用所学知识,借助一定设

[①]　Bryan A. Garner. Black's Law Dictionary (Seventh Edition) [M]. WEST GROUP. 1999. p. 1025.

[②]　同上。

[③]　例如:香港城市大学（HKCU）(www. cityu. edu. hk)法学院法学本科课程设有"mooting",类似于英美的"moot court"。

1

备,模仿法庭审判活动的一种实践性教学方法"。

（二）教学模式说

这种观点认为,"所谓模拟法庭教学就是以模拟法院开庭审理的方式,通过学生亲身参与,将课堂中所学到的法学理论知识、司法基本技能等综合运用于实践,活学活用,以达到理论和实践相统一之教育目的的教学模式"。或者认为："模拟法庭教学是在教师的指导下,精选一些既有利于学生对法律知识的理解,又有思想教育意义的典型案例,通过学生独立思考、深刻分析、精心准备,由学生分别担任不同的法庭角色,共同参与案件的模拟审理,将在课堂上学习的法学理论和司法实践紧密结合起来的一种教学模式"。

（三）教学活动说

这种观点认为,"模拟法庭（moot court）,又叫假设法庭,是指在教师的指导下,由学生扮演法官、检察官、律师、案件当事人、其他诉讼人等,运用所学知识,借助一定设备,模仿法庭审判的一种自主性、实践性活动。"或者认为,"所谓的模拟法庭,简言之就是模拟法庭审判的活动。是指在教师的指导下由学生扮演法官、检察官、律师、案件的当事人、其他诉讼参与人等,以司法实践中的法庭审判为参照,模拟审判某一案件的教学活动"。

（四）动态静态统一说

这种观点认为,"模拟法庭应当从静态和动态的统一上来理解,即在静态上,模拟法庭表现为教学硬件;在动态上,模拟法庭表现为教学过程。因此模拟法庭是指在教师的指导下以模拟法院开庭审理的方式,通过学生亲身参与课堂中所学到的法学理论知识、司法基本技能等综合运用于模拟案件审理的教学硬件和教学过程的统一"。

综上所述,模拟法庭是指为了培养学生的实践和操作能力,在教师的指导下,以司法审判中的法庭审判为参照,设立虚拟法庭模拟审判某一案件的教学活动。

二、模拟法庭演练教学的课程设置现状

从 1999 年起,教育部依据"宽口径、厚基础、高素质、重应用"的原则,在只设一个法学专业的基础上,将法学专业的课程划分为公共课、基础课和专业课等三部分,其中专业课又分核心课、必修课与选修课,以法理学等十四门核心课程为基础形成了中国法学教育统一的课程设置。这一课程设置从整体上来说是偏重部门法及其规范,而大量实践性的课程却被排拒在外。① 由于模拟法庭在我国

---

① 郭成伟主编:法学教育的现状与未来[M],北京:中国法制出版社 2000 年版,第 13 页。

2

的发展尚不够成熟,实施情况参差不齐,课程设置模式也各不相同,笔者调查分析了大量法学院的课程设置与教学计划,对模拟法庭的课程设置主要存在以下几种模式:

(一)独立课程模式

在我国已经有一些法学院把模拟法庭单独设置课程,如北方工业大学[①]规定模拟法庭作为一门专业必修课在第4学年开设,共计15学时,占0.5学分。而宁波大学[②]把法律实务课(包括模拟法庭演练和非诉讼行为实验和法律诊所)列为法学本科的选修课;其中模拟法庭演练在第三学年开设,共计68学时,占2学分。把模拟法庭列入教学计划,具有相应的学分,与理论教学相结合并互相促进,在培养学生的职业技能、加深对所学理论知识理解等方面都取得了明显的效果。

(二)辅助性教学环节模式

一部分法学院把模拟法庭设置为理论教学课程的辅助性教学环节。这类课程一般在教学计划里有所规定,但不单独设学分,而是依附于其他的课程设立。如厦门大学[③]法学院把模拟法庭作为诉讼法学的一个教学内容,由相关的诉讼法教师在课内安排。作为诉讼法教学的辅助手段,这种模式丰富了教学的形式。但这种模式的弊端也显而易见,如依附于诉讼法课的模拟法庭,诉讼法教师可能过多关注模拟中的诉讼程序,而且由于安排辅助教学的时间不可避免地会占用诉讼法的课时,模拟法庭演练中实体法的运用、司法文书的撰写等必要环节则有可能被淡化,这就使得模拟法庭的教学效果大大减弱。

(三)集中实践环节模式

根据1998年颁布的《普通高等学校本科专业设置规定》,法学专业必修实践教学内容,一般包括专业实习与毕业论文。现阶段各学院根据自身的情况来安排专业实习的内容,主要包括案例教学、社会调查、旁听庭审、模拟法庭、法律援助、普法宣传等。其中模拟法庭作为专业实习的一种形式,以集中实践的形式举行。专业实习有相应的学分,而且是必修的实践环节。作为专业实习的内容模拟法庭理论上应该很好起到令人满意的教学效果。但是,目前各个法学院的教学实习计划差异较大。在教学实习时间上,有的法学院规定为半年,有的规定为三个月,还有的规定为一个月;在学期安排上,有的法学院将教学实习安排在第三学年的第二学期,有的安排在第四学年的最后一个学期。由于专业实习课时

---

① http://www.ncut.edu.cn/

② http://www.nbu.edu.cn/

③ http://www.xmu.edu.cn/

有限,实习的内容又多,模拟法庭只是其中的一种形式。因此模拟法庭要么无法定期举行,要么课时太少,同样影响了教学效果。

（四）隐性课程模式

隐性课程是非正式课程,是未列入课表的课程。[①] 所谓隐性课程模式指的是模拟法庭不列入法学院的教学计划,不设学分,不作为课程表里的课程,不定期地举行。以宁波大学为例,法学院的学生社团之一的法学会把"模拟法庭演练"作为学生社团每一学年的固定活动,由学生自己活动,由老师加以指导和点评。这种形式的模拟法庭演练也起到了一定实践作用,但是由于参与人数的少数性以及结果评定的非考评性,导致学生和教师的积极性都不高,教学质量无法保证。

三、特点

（一）教学的实践性

模拟法庭演练是学生在教师的指导下,将所学的法学理论尤其是诉讼法理论内容运用到具体的案件审理的一种教学活动。其表现出的实践性特征明显,具体来说就是要求学生以参与诉讼角色扮演的方式,按照所学的诉讼程序法和相关的实体法的规定来模拟审理案件的动态过程。在整个演练过程中,通过案例的选择、材料的组织、文书的撰写和角色扮演的几个方面把所学的书本理论知识结合具体的案件加以展示,通过实际演练锻炼动手操作能力、分析问题与解决问题的能力。

（二）角色的演练性

模拟法庭演练的进行,需要参与的学生按照分工不同共同完成,无论合议庭、当事人还是其他的诉讼参与人,都是通过学生的亲身演绎来完成,从这个角度来说,演的特性明显。而从整个模拟演练的全局出发又必须严格按照法定的程序来进行,从这个角度而言,练的特征可见一斑。

（三）场景的模拟性

模拟法庭的演练应该在一定的场地进行。作为模拟审判,与现实的审判设施、程序和方法基本上相同,而同时又完全不同,不是简单对审判的模仿,还需要参与的同学有个人的加工。作为演练的教学场景应该力求与现实相一致,无论是审判台,还是双方当事人的座位、被告人的座位都力求与现实贴近,以保证法庭的庄重与威严。

---

① 王维臣:教学与课程导论[M],上海:上海教育出版社 2000 年版,第 209—210 页。

第二节 模拟法庭的地位与作用

一、地位

（一）实践教学的必须环节

法学教学应该注重理论与实践相结合，尤其是在应用法学上。开设实践性课程本身就是为了满足专业同学利用所学知识解决实际问题的需求，在实践教学环节中的模拟法庭演练更好地体现了这个作用。

（二）法学专业独立的课程

在目前我国高校的法学专业的课程设置中，单独把模拟法庭演练作为一个课程的不多，大多数还是把模拟法庭作为诉讼法课程讲授过程中的一种辅助手段，由于诉讼法课时的局限，其模拟的效果不明显。因此，只有把本门课程设立为单独的课程，才能引起教师、学生的重视。

（三）专业学生必修的课程

在目前各个高校法学专业设置的实践性教学环节课中，除了模拟法庭以外，还有包括见习、法律咨询、社会调查、社会实践、毕业实习、专题辩论等诸多途径。而在课程设置上也有选修与必修之分，作为一门独立开设的课程，其目的本身就是为了满足学生对实践操作的需要而设置，而且诉讼的实务也是法学专业学生业务的主要内容。作为必修的课程，自然会引起学生的关注，有利于实际操作能力的培养。

二、作用

（一）有利于推进法学教学中的素质教育

由于深受大陆法系的影响，我国传统法学教育拘泥于专业领域的知识传授，教育过程相对封闭和狭隘，造成教育成果与社会需求之间的严重脱节，日渐受到司法实务界人士的质疑和严厉批评。而素质教育谋求人的全面发展，培养学生创新精神和实践能力，树立学生崇尚法治、追求公平正义和维护清正廉洁的责任感和使命感。模拟法庭教学特别注重理论与实践相结合，促进理论知识向实践技能转化，有助于克服我们传统法学教育的弊端，推进职业素质教育。

（二）有利于正确思维的培养

模拟法庭审判活动不仅培养和巩固了学生运用法律规范约束自我，依靠法律手段解决实际案件的思维模式，而且模拟法庭所选用的案例都与学生们的生活息息相关,通过亲身参与这些鲜活生动的真实案例,学生们必然会感受到强烈的视觉冲击和心灵震撼,清醒地认识到要想走好人生之路,就必须先学会做人,树立起正确的世界观、人生观和价值观。

(三)有利于提高学习的效率

在模拟法庭教学中,没有传统意义上的教师和学生,只有平等意义上的同事和朋友。指导教师仅仅是教学上的引导者、课堂上的主持人,而学生则是对话和交流的主角。学生作为法官、检察官、律师或者当事人,他会主动考虑自身所扮演角色的利益,身临其境地分析案件,全力以赴地追求最佳结果。学生在这种身份和视角转换中,深刻地体会到学习不仅不是一种压力,而是一种乐趣,必然极大地调动他们学习的积极性和创造性,显著提高学习效果。

(四)实践的操作有利于巩固与强化所学理论知识

学生在模拟法庭活动中,通过讨论案情、制作法律文书、主持庭审、在法庭上陈述、举证、质证、辩论、合议、宣判等互动过程,法律实务操作技能得到了切实提高,同时训练了语言表达能力、应变创新能力、组织协调能力、社会交际能力等综合能力,从而为其成为高级应用型法律人才奠定坚实的基础。

但是,我们不能过分地强调模拟法庭教学模式的积极作用和显著效果。作为一种实践教学方法,它不可能完全取代传统的法学教育模式,不能因为强调法学教育的职业性和应用性方面而否定其科学性和学术性方面,它只是对于传统的法学教育模式的修正和补充。我们在积极借鉴和推动模拟法庭教学发展的同时,应当使它与传统法学课程教学有机地结合起来,共同形成崭新的符合科学化和职业化的教学模式。

第三节　模拟法庭的组织实施

一、模拟法庭场所的建设

要开设模拟法庭课程,模拟法庭场所的建设是必不可少的。模拟法庭课程就是法学专业的实验课,模拟法庭场所就是法学专业的实验室。在众多开设有法学专业的高校中,许多都设有专门的模拟法庭实验室。但有些高校受条件限制没有专门的模拟法庭场所,没有专门的模拟法庭实验室,模拟法庭课程的开设就比较成问题,虽然也可以开展模拟法庭活动,但由于场所不正规,显得不伦不类。因此,要真正提升模拟法庭课程在法学教学体系中的地位,就必须建设好模拟法庭实验室。

模拟法庭实验室的建设,应当有专门的实验场地,面积应该不小于150—200平方米,旁听席应能容纳200—300人。而且,实验室内的一切布置,必须完全比照人民法院正规的法庭进行。这样做的目的在于,模拟法庭实验室既可以作为模拟法庭课程的专用教室,可以让学生在这里进行模拟法庭实验,又可以作为人民法院审理真实案件的正规法庭,因为在模拟法庭课程教学中,有时需要邀请人民法院来模拟法庭审理真实的案件,由学生现场观摩人民法院的审判活动。

有条件的高校可以设立数字模拟法庭实验室,以专门的辅助教学软件用虚拟庭审的方式来解决教学中模拟法庭实验场地使用中不能满足学生需求的矛盾。

二、模拟法庭案例的选用

模拟法庭要开展模拟审判活动,必须选用适当的案例,这是模拟法庭教学的一个重要环节。模拟法庭的案件来源,可以到各级人民法院或者律师事务所调取已经审结的案例,也可以在网络上搜集相关案例,还可以根据模拟法庭审判的需要自己编写。用于模拟法庭审判的案例,不宜过于复杂,否则可能出现学生难以控制庭审的局面。一般而言,用于模拟法庭的案例,应当明确、简单和典型,而且要有一定的争议性、可辩性和现实性。如果没有争议性和可辩性,担任诉讼角色的学生和参加旁听的学生都不会有太大的兴趣,就会影响模拟法庭的效果。而现实性能够让案例中的内容更加贴近生活,力求让参与的学生能以个案来检验自己所学知识,同时可以以个案来衡量自己的行为。案例的选用,应当尽量选择诉讼角色齐全,且诉讼参与人比较多的案件,这样就可以使更多的同学能够在模拟法庭中扮演不同的诉讼角色,调动学生参与的积极性。对于已经选定的案件,如果诉讼角色不多,就可以对案件做适当修改,增加诉讼参与人,如增加鉴定人、证人等。

三、模拟法庭角色的分配

由于受诉讼角色数量的限制,一个班的全部学生在进行模拟法庭的审判活动时,不可能让每一个学生都有机会扮演其中的一个角色,这就需要对模拟法庭的角色进行分配。比较切实可行的办法就是对全体的学生进行分组,每组同学按照所根据模拟审判案件的不同,角色的分配也会有所不同。但是,不管是否担任其中的诉讼角色,都应当让每一个学生参与到模拟法庭活动之中,那些不能出庭担任角色的学生,也应将他们分配到其中的一个小组,协助出庭的学生做好庭审准备。

在刑事案件模拟法庭中,可以将学生分为模拟审判组、模拟控诉组、模拟辩护组和综合组。模拟审判组出庭的人员包括三名合议庭成员和一名书记员,其他人员协助出庭人员工作;模拟控诉组可以由两名公诉人出庭公诉,有被害人的案件还可以安排被害人及其法定代理人或者诉讼代理人出庭,附带民事诉讼案件可以有附带民事诉讼原告及其代理人出庭,其余人员协助出庭的模拟公诉人工作;模拟辩护组出庭的人员根据案件被告的数量来确定,可以有一至三个被告人,每一个被告人可以请二名辩护律师,附带民事诉讼案件还可以有附带民事诉讼被告人及其代理人出庭,未出庭的人员协助出庭人员工作;综合组出庭的人员包括法警、证人、鉴定人、翻译人员等,出庭人数根据案件具体需要而定,未出庭的其他人员协助出庭人员工作。

在民事案件和行政案件模拟法庭中,可以将学生分为模拟审判组、模拟原告组、模拟被告组和综合组。模拟审判组出庭的人员包括三名合议庭成员和一名书记员,其他人员协助出庭人员工作;模拟原告组可以根据案件情况确定一至二名原告出庭,每一个原告可以聘请二名代理人出庭,其余人员协助出庭人员工作;模拟被告组可以根据案件情况确定被告一至二人出庭,每一个被告可以聘请二名代理人出庭,其余人员协助出庭人员工作;综合组出庭的人员包括法警、证人、鉴定人、翻译人员等,出庭人数根据案件具体需要而定,未出庭的其他人员协助出庭人员工作。

四、模拟法庭庭审材料的准备与预演

对学生进行分组及分配诉讼角色的工作完成后,学生就应当根据自己担任的角色去准备材料,其他未担任角色的学生也应当根据自己所在的组的需要,协助担任角色的学生准备材料,共同完成模拟法庭的开庭审判任务。

当诉讼角色分配定位后,担任诉讼角色的人员就要开始着手庭审材料的准备。在刑事案件中公诉人应当准备起诉书、公诉意见书,辩护人应当准备辩护词,被告人应当准备法庭上的发言,被害人应当准备法庭上的陈述内容,附带民事诉讼当事人应当分别准备起诉状和答辩词;在民事案件和行政案件中,原告应当准备起诉状,被告应当准备答辩状,双方代理人应当准备代理词;在各类案件中担任合议庭成员的学生应当准备庭审提纲;证人、鉴定人都应当分别准备好证人证言和鉴定结论;其他工作人员应当根据自己的分工范围做好自己在模拟法庭开庭审判中应当做的工作。

在正式演出前,学生应当进行模拟法庭的预演工作,在预演时应当邀请指导老师现场指导。预演的地点可以在正规的模拟法庭进行,也可以在教室进行,但应当按照模拟法庭的要求布置预演场面。预演的目的就是对模拟法庭的正式开庭进行预演,以便发现问题,使将来模拟法庭的正式演出更加完美无缺。

预演可以多次进行,直到指导老师和全班同学都比较满意为止。

五、实战演练

经过预演,如果认为可以正式演出,就可以开始准备正式演出。正式演出应当在正规的模拟法庭进行。开庭前应当发布开庭公告,法庭审理的程序要根据案件的不同完全按照刑事诉讼法、民事诉讼法和行政诉讼法的相关规定进行。也就是说,正式演出时,模拟法庭的审判就要像是人民法院在审理真实案件一样,要让在座的每一个人都感觉到这不是模拟法庭,而仿佛是人民法院的真实法庭。正式演出的过程,可以派一些学生拍照或者录像,以留作纪念,并作为资料保存。

六、点评与总结

模拟法庭庭审活动结束后,指导教师应当就本次模拟法庭庭审过程和庭审表现进行全方位点评。点评应当围绕着案件事实是否调查清楚、证据是否确实充分、庭审程序是否完整合法、法庭辩论是否有理有据、运用法律是否得当、语言表达是否清晰、出庭技巧是否把握恰当以及存在什么问题等方面进行。点评时,既要肯定模拟审判过程好的一面,对表现优秀的出庭人员予以表彰,又应找出其中的不足之处,具体指出在哪些方面存在欠缺,以及应当如何改进。

指导老师在对模拟法庭进行点评后,还应当组织学生对整个模拟法庭活动进行总结,写出实验报告。每一个学生都要就模拟法庭活动进行总结,写出自己的感想。这种感想可以就整个模拟法庭活动进行全面总结,也可以就模拟法庭中的某一个环节发表意见;可以就自己担任角色的情况发表感想,也可以就其他担任角色的人员的表现发表评论。

第二章　刑事诉讼模拟演练

实验内容和要求

（一）实验内容

演练开庭、法庭调查、法庭辩论、被告人最后陈述和评议宣判阶段。

（二）实验目的与要求

通过让参与的同学以扮演审判人员、书记员、检察人员、辩护人、证人、被告人、被害人和其他相关参与人员对角色的扮演，熟悉在实验内容中的庭审主要阶段的程序。

（三）实验的重点与难点

法庭调查环节的熟悉与运用、证据的展示与质证。

第一节　刑事诉讼一审普通程序模拟演练

一、开庭准备和开庭宣布

（一）书记员的庭前准备工作

书记员应先期到达法庭，做好以下开庭前准备工作：

1. 宣布：公诉人和诉讼参加人入庭就座。公诉人和诉讼参加人入庭就座后，检查出庭人员的到庭情况，并到案前核对当事人及其诉讼代理人、辩护人的身份等情况。

2. 如有证人、鉴定人、勘验检查人、专家出庭的，经核对其身份后，请其退席，等候传唤。

3. 公开开庭的，应当检查参加旁听的人员是否适合，是否有现场采访的记者。

如发现有未成年人（经批准的除外）、精神病人和醉酒的人以及其他不宜旁听的人旁听开庭的，应当请其退出法庭或者向审判长报告。

如发现有记者到庭采访，应当确认其是否办理审批手续，并向审判长被告。

如未经获得批准,应当明确告知记者不得录音、录像或者摄影;但应当允许记者作为旁听人员参加旁听和记录。

4. 宣布法庭规则和法庭纪律。

书记员宣布:现在宣布法庭规则和法庭纪律。法庭规则和法庭纪律的具体内容以《法庭规则》的有关规定为准。

(二)法官入庭和报告庭审前准备情况

书记员宣布:全体起立! 然后引领审判长、审判员(人民陪审员)入庭。待合议庭成员坐定后,书记员宣布:请坐下。

准备工作就绪后,书记员向审判长报告以下庭审前准备工作情况:

1. 出庭的公诉人和诉讼参加人的情况;

2. 出庭的其他诉讼参与人的情况;

3. 到庭旁听采访的新闻单位及记者的情况;

4. 其他需要向审判长报告的情况。

最后,书记员报告:法庭准备工作就绪,请审判长主持开庭。

(三)核对确认出庭人员的身份

在书记员已核对的基础上,审判长简单查明和核对出庭人员身份即可。

经控辩双方对出庭的人员身份确认无异后,即宣布:经法庭当庭核对确认,出庭的人员符合法律规定,准予参加本案的庭审活动。

(四)传唤被告人并查明其基本情况

审判长宣布:传被告人×××到庭。

被告人在押的,由法警押解到庭并对其实施看守。被告人戴手铐、脚镣等戒具的,先由法警解除其戒具。

被告人到庭后,审判长查明被告人的情况:(1)基本身份情况;(2)受到法律处分的情况;(3)被采取强制措施的情况;(4)起诉书副本的收悉情况。

(五)宣布开庭、案名、案件由来、审理程序和方式

审判长先敲击法槌,然后庄严宣布:……人民法院现在开庭!

宣告案名:本庭现审理的是:公诉机关×××人民检察院诉(或者"指控")被告人×××犯××罪一案。

宣告案件由来:公诉机关因本案,于×××(时间)以×××(起诉书文号)起诉书向本院提起公诉;本院经审查,于×××(受理时间)决定受理本案。本案系附带民事诉讼、再审案件、合并审理案件的,还应当说明。

宣告审理的方式和程序:依照《中华人民共和国刑事诉讼法》第三编第二章第一节的规定,本庭按照第一审公诉案件普通程序,公开开庭审理本案。

如果不公开开庭审理的,应予以宣告并说明理由。如果按简易程序审理的,

应予以宣告并说明依据,即《中华人民共和国刑事诉讼法》第三编第二章第三节的规定。

(六)介绍审判人员和公诉人

审判长宣告:本院受理本案后,依法组成合议庭。然后具体介绍合议庭组成人员和书记员,并说明其基本职务情况。

审判长宣告:本案的公诉人是……然后具体介绍公诉人,并说明其基本职务情况。

如有翻译人员的,也一并介绍和说明。

(七)告知诉讼权利义务,并征询申请回避意见

开庭前已告知诉讼权利义务的,审判长在逐一询问当事人是否知悉自己在诉讼中的权利和义务的基础上,确认当事人是否知悉诉讼权利义务。开庭前未告知的,审判长当庭予以告知。

经确认当事人知悉诉讼权利义务后,审判长逐一询问各方当事人:是否申请合议庭成员和书记员、公诉人回避?一旦当事人提出回避申请,应当要求其说明理由,并依照法定程序处理。

如有翻译人员的,一并征询当事人是否申请回避的意见。

(八)宣告庭审的阶段

审判长宣布:庭审活动分为法庭调查、法庭辩论、被告人最后陈述、宣判等四个阶段进行。

庭审活动一般由审判长主持。根据庭审的需要,审判长也可以委托其他合议庭成员主持部分庭审活动。但当庭予以说明。

二、法庭调查

(一)宣布法庭调查

主持人(审判长或者合议庭其他人员,以下同)宣布:现在进行法庭调查。

主持人可以对法庭调查的顺序作出说明。法庭调查的一般顺序:控辩双方陈述、讯问和发问、庭审归纳小结、当庭举证和质证、法庭认证。

(二)控辩双方陈述

主持人宣布:首先由公诉人宣读起诉书。随即指示公诉人宣读起诉书。

主持人宣布:由被告人针对起诉书指控的犯罪事实进行陈述。随即指示被告人陈述。

附带民事诉讼案件的,在公诉人宣读起诉状后由原告人及其代理人宣读附带民事起诉书,或者简要说明请求及所依据的事实和理由。

被害人参加诉讼的,在被告人陈述后由被害人及其代理人陈述。

对于被告人认罪的案件,法庭根据《关于适用普通程序审理"被告人认罪案件"的若干意见》的规定进行审判。

(三)讯问和发问

同案有数个被告人的,讯问和发问应当分别进行。讯问和发问顺序如下:

1. 经征询并确认公诉人需要讯问被告人的,主持人宣布:由公诉人讯问被告人……。公诉人讯问被告人,被告人直接答问。

但是,公诉人不能以讯问代替举证,对起诉书指控的犯罪事实,应通过举证予以证明。

2. 经征询并确认辩护人需要向被告人发问的,主持人宣布:由辩护人向被告人发问。辩护人发问,被告人直接答问。

3. 被害人、附带民事诉讼当事人及其诉讼代理人经法庭准许,可以向被告人发问。被害人、附带民事诉讼当事人及其诉讼代理人发问的,经法庭准许,由法庭指示被告人答问。

4. 经审判长准许,控辩双方可以向其他当事人发问。控辩一方向其他当事人发问的,经审判长准许,由法庭指示当事人答问。

法庭认为控辩双方讯问、发问的内容与本案无关或者讯问、发问的方式不当的,应当制止。控辩双方认为对方讯问或发问的内容与本案无关,或者讯问、发问的方式不当的,有权提出异议。法庭应当判明情况予以支持或者驳回。

法庭如果需要讯问被告人或者询问其他当事人的,也可以讯问和发问。

(四)庭审归纳小结

在控辩双方陈述和答问陈述的基础上,法庭应当进行庭审归纳小结。

首先,归纳案件事实的争议情况。

审判长宣布:根据控辩双方的陈述和当事人的答问陈述,法庭对本案事实的争议情况归纳如下:

被告人对指控的犯罪事实没有异议的有……(列明无争议的事实)。

在归纳时,主持人应当先征询控辩双方的意见,经确认无异后予以确认。控辩双方没有争议的事实不能直接予以认定,应当进一步审查相应的证据后,再行认定。

被告人对指控的犯罪事实持有异议的有……(列明有争议的事实)。

在归纳时,主持人应当先征询控辩双方的意见,经确认无异后予以确认。控辩双方争议的事实往往是法庭进一步调查的重点;但法庭调查的重点不以此为限。

其次,确定法庭进一步调查的重点。

审判长宣布:本庭根据控辩双方争议的事实,结合案件的具体情况,现确定

13

法庭进一步调查的重点如下：……（列明法庭调查的重点）。

（五）当庭举证

庭审归纳小结后，法庭对全案事实逐一、有序地展开调查。

主持人宣布：现在，法庭调查……。并指示公诉人及其他当事人有针对性地举证。

不同种类的证据，其举证的具体要求各不同：

1．物证应当出示原物，并说明证据的来源、证明对象等。不能出示原物的，应当说明理由，并出示相应的照片、复制品等证据材料。

2．书证应当出示原件，并当庭宣读，说明证据的来源、证明对象等。不能出示原件的，应当说明理由，并出示复印件、抄录件等证据材料。

3．视听资料应当出示原始载体，并当庭播放，说明证据的来源、证明对象等。不能当庭播放和出示原始载体的，应当说明理由，并出示抄录件等证据材料。

4．证人书面证言、被害人陈述的笔录应当出示原件，并当庭宣读，说明证据的来源、证明对象等。如果该证人、被害人提供过内容不同的证言、陈述的，法庭应当要求公诉人提交该证人、被害人的全部证言和陈述笔录一并审查或者传唤其出庭作证。

5．犯罪嫌疑人、被告人的口供应当出示原件，并当庭宣读，说明证据的来源、证明对象等。如果该被告人提供过内容不同的口供的，法庭应当要求公诉人提交该被告人的全部口供笔录。

6．鉴定结论和勘验检查笔录应当出示原件，并当庭宣读，说明证据的来源、证明对象等。同时应当说明鉴定人、勘验检查人员不能出庭作证的原因。如果鉴定人、勘验检查人员对同一事实有多份内容不同的鉴定结论、勘验检查笔录的，法庭应当要求公诉人提交全部鉴定结论、勘验检查笔录一并审查或者传唤其出庭作证。

7．电子证据应当出示原件，并当庭审读，说明证据的来源、证明对象等。

控方的证据材料应当于开庭前向被告方开示。如果控方的证据材料未经开示即当庭出示的，法庭应当征询被告方是否质证的意见。如被告方未提出异议并同意当庭质证的，可以交由被告方质证。如被告方提出异议，且法庭认为没有出示之必要的，即不予采纳；如法庭认为确有出示的必要，被告方有权要求获得必要的质证准备时间。法庭应当给予被告方必要的质证准备时间，时间期满后再行开庭组织质证。

（六）当庭质证

当庭质证一般以"一举一质"或"类举类质"的方式进行。

公诉人、被害人、原告人等举证方出示证据并说明完毕后，主持人宣布:由被告人质证。被告人及其辩护人质证。

质证的程序一般为:

1. 质证方对当庭出示的证据作出是否认可的意思表示。如认可或者承认，则对该证据的质证活动结束;如不认可，应说明具体的反驳理由。

2. 在质证方提出反驳理由的基础上，法庭组织控辩双方展开质辩。即主持人宣布:请……(举证方)说明。举证方有针对性地进一步说明之后，主持人宣布:请……(质证方)辩驳。质辩至少进行一个轮回;法庭认为有必要进行多轮质辩的，可以组织多轮质辩。

3. 在质证中，质证方提出相应的反驳证据的，法庭可当庭组织举证和质证。

控告方的证据举证质证后，被告方也可以当庭举证，交由控告方质证。

(七)证人、鉴定人、勘验检查人员以及专家出庭作证

在当庭举证过程中，控辩双方申请传唤证人出庭作证的，应当向法庭提出。经法庭审查准许后，主持人即宣布:传证人……到庭。

证人到庭就座后，主持人宣布:请证人报告本人的基本情况，并说明与本案当事人的关系。在确认其知道作证的权利和义务以及作伪证或者隐匿罪证要承担的法律责任后，请证人在保证书上签名。

证人出庭作证陈述的一般顺序:

1. 根据法庭所提示的调查事项，由证人就其了解的情况作连贯性陈述;

2. 举证方发问，法庭指示证人答问;

3. 质证方发问，法庭指示证人答问。

法庭根据需要，也可以向证人发问。

控辩双方或者证人对发问有异议的，可以向法庭提出。异议是否成立，由法庭评议确定。

证人作证结束后，主持人宣布:请证人退庭。指示证人退庭后在休息室休息，休庭后还要审阅笔录和签名，如需要证人再次出庭的再行传唤出庭。

证人退庭后，针对证人证言，主持人首先宣布:请……(举证方)说明。举证当事人对证人证言进行说明之后，主持人宣布:请……(质证方)质证。并可组织控辩双方质辩。

鉴定人、勘验检查人员、专家出庭作证的具体程序，参照证人出庭作证的程序举行。其中，鉴定人出庭作证时，应当确认当事人是否申请回避。

(八)当庭认证

一般情况下，法庭不对当庭质证的证据当庭作出认证。但是，有些案件的证据或者个别证据可以当庭评议，如果法庭经评议能够当庭作出认证结论或者能

够作出部分认证结论的,可以当庭宣布认证结论。

认证结论的表述主要有以下两种方式:

1. 确认证据足予采信的,认证结论为:经合议庭评议确认,……(证据名称)内容真实,形式合法,可以作为认定……(案件事实)的根据。

完整的认证结论包括两部分内容:一是确认证据的有效性;二是有效证据可以证明的案件事实。如果法庭不能当庭做出完整的认证结论的,可以作出部分认证结论:(1)确认证据的真实性、合法性、关联性及其证明效力,至于该证据可以作为认定案件哪一具体事实的根据,可另行评议确认。(2)或者仅确认证据的真实性、或合法性、或关联性;至于该证据是否有证明效力,可另行评议确认。

2. 确认证据不予采信的,认证结论为:经合议庭评议确认,……(证据名称),因……(不予采信的理由),故不能作为本案认定事实的根据(不予采信)。

证据不予采信的理由包括:(1)证据缺乏真实性、或合法性、或关联性,以致没有证明效力,故不能作为本案认定事实的根据;(2)该证据虽然有证明效力,但与其他证据相冲突,经比较证明力大小而不予采信,故不能作为本案认定事实的根据。

(九)其他事项的调查。

法庭结束前,主持人应征询公诉人和当事人:是否还有其他事实需要调查或者有其他证据需要出示。

公诉人和当事人申请调查其他事实,经法庭评议许可后,组织当庭举证、质证。如果法庭经评议认为无调查必要的,可以驳回申请。

公诉人和当事人申请出示其他证据的,应当说明理由和证明对象。经法庭评议许可后,组织当庭举证、质证。如果法庭经评议认为无调查必要的,可以驳回申请。

(十)宣布法庭调查结束

经确认各方没有新的证据提供和其他事实需要调查后,主持人宣布:法庭调查结束。

三、法庭辩论

(一)宣布法庭辩论

主持人宣布:现在进行法庭辩论。

主持人可以确定法庭辩论的范围:控辩双方应当主要围绕法律的具体适用问题展开辩论。

对证据的合法性、关联性和真实性及证据的有效性的质辩,以及案件事实的认定,属于法庭调查的范围,一般不作为法庭辩论的内容。法庭调查中已经认定的证据和事实可以作为控辩双方辩论的根据。

主持人可以强调法庭辩论规则：在法庭辩论中，辩论发言应当经法庭许可；注意用语文明，不得使用讽刺、侮辱的语言；语速要适中，以便法庭记录；发言的内容应当避免重复。

在法庭辩论的过程中，如有违反规则的言行，法庭应予制止。

主持人可以将法庭辩论分段进行：法庭辩论分为对等辩论和互相辩论。

（二）对等辩论

主持人宣布：首先进行对等辩论。随即指示公诉人、被告人依次进行辩论发言。有被害人和附带民事诉讼当事人出庭参加诉讼的，可以参加对等辩论。

一轮辩论结束，法庭可以根据实际情况决定是否进行下一轮辩论；如果进行下一轮辩论的，应当强调辩论发言的内容不宜重复。

（三）互相辩论

主持人宣布：现在进行互相辩论。

主持人应当告知：公诉人和当事人要求辩论发言的，可以向法庭举手示意。经法庭许可，方能发言。

在互相辩论中，公诉人和当事人未经许可而进行自由、无序的辩论发言或者发言的内容重复的，法庭应予以制止。

（四）法庭调查阶段的回转

在辩论中发现有关案件事实需要进行调查，或者需要对有关证据进行审查的，应当宣布：中止法庭辩论，恢复法庭调查。

法庭调查结束后，宣布：恢复法庭辩论。庭审活动恢复到中止时的辩论阶段。

（五）宣布法庭辩论结束

在确认各方辩论意见陈述完毕后，主持人即可宣布：法庭辩论结束。

四、被告人最后陈述

主持人宣布：现在，由被告人作最后陈述。随即指示被告人陈述最后意见。

合议庭成员应当认真、耐心听取被告人陈述，一般不宜打断其发言。但其陈述过于冗长，法庭应当予以引导；陈述的内容简单重复多次的，或者陈述的内容与案件没有直接关联的，法庭以适当的方式予以制止。

五、休庭、评议和宣判

（一）宣布休庭

审判长先宣布：现在休庭。然后敲击法槌。

宣布休庭后应告知公诉人和当事人复庭的时间;如果决定不当庭宣判的,应当告知宣判的时间或者交代:宣判时间另行通知。

(二)法官退庭和评议

决定当庭宣判的,应于休庭后立即进行评议;择期宣判的,应在庭审结束后五个工作日内进行评议。

合议庭评议案件时,先由承办法官对认定案件事实、证据是否确实、充分以及适用法律等发表意见,审判长最后发表意见;审判长作为承办法官的,由审判长最后发表意见。对案件的裁判结果进行评议时,由审判长最后发表意见。审判长应当根据评议情况总结合议庭评议的结论性意见。合议庭成员应当认真负责,充分陈述意见,独立行使表决权,不得拒绝陈述意见或者仅作同意与否的简单表态。同意他人意见的,也应当提出事实根据和法律依据,进行分析论证。

评议后,合议庭应当依照规定的权限,及时对已经评议形成一致或者多数意见的案件作出判决或者裁定。

(三)法官入庭和宣布继续开庭

庭审准备就绪,书记员宣布:全体起立! 请审判长、审判员(人民陪审员)入庭。

待法官坐定后,书记员再宣布:请坐下。

审判长敲击法槌后,即宣布:现在继续开庭。

(四)宣布评议结果

原定当庭宣判的,但经合议庭评议后未能作出裁判或评议决定不当庭宣判的,审判长应予说明,然后宣布休庭。

原定当庭宣判的,经合议庭评议后作出裁判并能够当庭宣判的,审判长应宣告:经过合议庭评议,评议结论已经作出。现予宣布……。

宣判的内容包括(1)认证结论(先前已宣布的认证结论除外);(2)裁判理由;(3)裁判结果等三部分。当事人的基本情况、案由、控辩双方的陈述等内容,无须在当庭宣判时宣告。

在审判长宣告裁判结果(主文)前,由书记员宣布:全体人员起立。合议庭成员和书记员,以及公诉人、诉讼参加人、旁听人员均应起立。

宣读完毕,审判长敲击法槌;然后书记员宣布:请坐下。

(五)征询意见

宣判后,审判长依次询问公诉人和当事人:对本判决有何意见?

公诉人和当事人陈述意见后,审判长指示书记员:请将公诉人和当事人的意见记录在案。

（六）交代诉权

当庭宣判的，审判长宣布：如不服本判决，可在判决书送达之日起××日内，向本院递交抗诉状或者上诉状，上诉于××××法院。

书面文本的说明：除判决结果外，本判决的其他内容以书面文本为准。

（七）宣布闭庭

审判长宣布：庭审结束。现在宣布——闭庭！然后敲击法槌。

书记员宣布：全体起立！

待合议庭成员退庭后，宣布：散庭。公诉人、诉讼参加人和旁听人员退庭。

（八）审阅笔录的说明

散庭后，书记员向诉讼参与人交代阅读法庭笔录的时间和地点。能够当庭阅读庭审笔录的，请诉讼参与人阅读并签名。

诉讼参与人认为笔录有误的，可以要求书记员更改；书记员不同意更改的，诉讼参与人予以注明或者提交书面说明附卷。

庭审笔录经审判长审阅后，分别由审判长和书记员签名。

第二节　刑事诉讼二审模拟演练

一、庭前准备工作

刑事诉讼第二审普通程序审理的公诉案件，由原审法院移送上诉法院受理。案经二审法院立案庭立案登记后，于2日内将案件移送刑事审判庭审理。

案件决定开庭审理的，合议庭应当在确定开庭日期后做好如下准备工作：

1. 如被告人在押的，向看守所发送《换押票》，将被告人换为二审法院羁押。

2. 在开庭10日前向检察院发送《阅卷通知书》，通知检察院派员阅卷。

3. 确认被告人是否委托辩护人。如需为被告人指定辩护人的，应当在开庭10日前将指定辩护通知书和起诉书副本送交提供法律援助的机构。

4. 在开庭3日前，将开庭通知书、开庭传票和出庭通知书分别送达检察机关、当事人和辩护人、法定代理人、证人、鉴定人、勘验检查笔录制作人、翻译人员等。公开审判的案件还应发布开庭公告。

5. 控告方提供新证据的，开庭前向被告方开示。没有新证据的，二审案件一般不组织开庭前证据开示。

开庭前，承办法官应当认真阅卷，制作《阅卷笔录》。其他合议庭成员阅卷时，可以就《阅卷笔录》和庭审提纲提出修改意见。审判长认为开庭前需要就案件的有关问题进行合议的,可以召集合议庭评议。

二、开庭准备和开庭宣布

1. 开庭前准备。

书记员应先期到达法庭,做好开庭前准备工作。

2. 法官入庭和报告庭审前准备情况。

准备工作就绪后向审判长报告:法庭准备工作就绪,请审判长主持开庭。

3. 核对确认出庭人员的身份。

经核对出庭人员的身份并确认无异后,即宣布:经法庭当庭核对确认,出庭的人员符合法律规定,准予参加本案的庭审活动。

4. 传唤被告人并查明情况。

被告人到庭后,审判长查明被告人的情况。

5. 宣布开庭、案名、案件由来、审理程序和方式。

审判长先敲击法槌,然后庄严宣布:××××人民法院现在开庭!

宣告案名:本庭现审理的是:抗诉机关(原公诉机关)×××人民检察院诉(指控)原审被告人(上诉人)×××犯……罪一案。原一审案名中的"公诉机关"和"被告人"的称谓根据抗诉或上诉的情况确定。

宣告案由:……(抗诉机关或者上诉人)因本案,不服×××人民法院于……(时间)作出的……(案号)判决,于……(时间)向本院提起抗诉(上诉);本院于……(受理时间)受理本案。有关延长审限等程序上的情节也可以一并说明。

宣告审理的方式和程序:依照《中华人民共和国刑事诉讼法》第三编第三章的规定,本庭按照第二审程序,公开开庭审理本案。

如案件不公开开庭审理的,应当予以宣告并说明理由。

6. 介绍审判人员和公诉人。

有翻译人员的,一并介绍和说明。

7. 征询申请回避意见。

审判长逐一询问各方当事人:是否申请合议庭成员和书记员、检察人员回避?一旦当事人提出回避申请,应当要求其说明理由,并依照法定程序处理。

有翻译人员的,一并征询当事人回避的意见。

8. 宣告庭审的阶段。

审判长宣布:庭审活动分为法庭调查、法庭辩论、被告人最后陈述、宣判等四个阶段进行。

三、法庭调查

1. 宣布法庭调查和宣读原审判决书。

主持人(审判长或者其他合议庭组成人员,以下同)宣布:现在进行法庭调查。

如有必要,法庭可以告知法庭调查的顺序。

主持人宣布:首先宣读原审判决书。由法庭宣读原审判决书。法庭如认为没有必要宣读原审判决书的,也可以省略。

2. 控辩双方陈述。

主持人宣布:……(抗诉机关或者上诉人)宣读抗诉(上诉)书。如既有抗诉又有上诉的,首先由检察人员宣读抗诉书,再由上诉人宣读上诉书或者陈述上诉意见。

抗诉(上诉)书宣读完毕,再没有提起上诉的当事人或者没有提起抗诉的检察机关依次陈述或者答辩。

3. 讯问和发问。

经征询确认检察人员需要讯问被告人的,主持人宣布:由检察人员讯问被告人……。

经征询确认被告人的辩护人要求向被告人发问的,主持人宣布:由辩护人发问。

经确认当事人之间要求向对方发问的,经法庭准许,主持人指示当事人发问。

法庭需要讯问被告人的也可以讯问被告人。

4. 庭审归纳小结。

法庭应当根据全案的事实和原判认定的事实,结合控辩双方的上诉或者抗诉的诉辩意见,归纳控辩双方对事实的争议情况,并确定法庭进一步调查的重点。

在确定法庭进一步调查重点的基础上,对全案的事实逐一、有序地进行调查。

5. 当庭举证。

控辩双方根据当庭举证的具体要求当庭出示证据,并说明证据的来源、证明对象等。

6. 当庭质证。

举证方举证完毕,组织质证方质证。

7. 当庭认证。

经当庭举证、质证后,合议庭当庭或者休庭进行评议,对证据进行审查核实并做出认证结论。

二审维持原判认定结论或者变更原判认定结论的,都应当说明理由。

8. 其他事项的调查。

控辩双方申请调查其他事实和审查其他证据的,经法庭评议许可后,组织当庭举证、质证。如果法庭经评议认为无调查或者审查必要的,可以驳回申请。

9. 宣布法庭调查结束。

经确认各方没有新的证据提供和其他事实需要调查后,主持人宣布:法庭调查结束。

四、法庭辩论

1. 宣布法庭辩论。

主持人宣布:现在进行法庭辩论。

主持人可以确定法庭辩论的范围:控辩双方应当主要围绕法律的具体适用问题展开辩论。

主持人可以强调法庭辩论规则:在法庭辩论中,辩论发言应当经法庭许可;注意用语文明,不得使用讽刺、侮辱的语言;语速要适中,以便法庭记录;发言的内容应当避免重复。

2. 对等辩论。

主持人宣布:首先进行对等辩论。指示控辩双方依次进行辩论发言。

一轮辩论结束,法庭可以根据实际情况决定是否进行下一轮辩论;如果进行下一轮辩论的,应当强调辩论发言的内容不宜重复。

3. 互相辩论。

主持人宣布:现在进行互相辩论。控辩双方要求发表辩论意见的,经法庭许可,发表辩论意见。

4. 宣布法庭辩论结束。

在确认各方辩论意见陈述完毕后,主持人即可宣布:法庭辩论结束。

五、被告人最后陈述

主持人宣布:现在,由被告人作最后陈述。随即指示被告人陈述最后意见。

合议庭成员应当认真、耐心听取被告人陈述,一般不宜打断其发言。

六、休庭、评议和宣判

1. 宣布休庭。

审判长先宣布:现在休庭。然后敲击法槌。

宣布休庭后应告知检察人员和当事人复庭的时间;如果决定不当庭宣判的,应当告知宣判的时间或者交代:宣判时间另行通知。

2. 评议。

决定当庭宣判的,应于休庭后立即进行评议;择期宣判的,应在庭审结束后五个工作日内进行评议。

评议后,合议庭应当依照规定的权限,及时对已经评议形成一致或者多数意见的案件作出判决或者裁定。

3. 法官入庭和宣布继续开庭。

庭审准备就绪,书记员宣布:全体起立! 请审判长、审判员(人民陪审员)入庭。待合议庭成员坐定后,书记员再宣布:请坐下。

审判长敲击法槌后,即宣布:现在继续开庭。

4. 宣布评议结果。

在审判长宣告裁判结果(主文)前,由书记员宣布:全体人员起立。

宣读完毕,审判长敲击法槌;然后书记员宣布:请坐下。

5. 征询意见。

宣判后,审判长依次询问检察人员和当事人:对本判决有何意见?

检察人员和当事人陈述意见后,审判长指示书记员:请将检察人员和当事人的意见记录在案。

6. 交代诉权。

当庭宣判的,审判长宣布:本判决(裁定)为终审判决(裁定)。

书面文本的说明:除判决结果外,本判决的其他内容以书面文本为准。

7. 宣布闭庭。

审判长宣布:庭审结束。现在宣布——闭庭! 然后敲击法槌。

书记员宣布:全体起立!

待合议庭成员退庭后,宣布:散庭。检察人员、诉讼参加人和旁听人员退庭。

8. 审阅笔录。

第三节　本章主要诉讼文书

一、刑事起诉书(一审公诉案件用)

(一)样式

××××人民检察院起诉书

×××字第　　号

第一部分:被告人的姓名、性别、年龄(出生年、月、日)、籍贯、民族、文化程度、单位、职务、住址、是否曾受过刑事处罚、被拘留、逮捕的年、月、日。

第二部分:案由和案件来源。

第三部分:犯罪事实和证据。

第四部分:起诉的理由和法律根据。

　　此致

××××人民法院

检察长(员):×××
×年×月×日

附:(略)

(二)说明

起诉书是人民检察院依照法定的诉讼程序,代表国家向人民法院对被告人提起公诉的法律文书。因为它是以公诉人的身份提出的,所以也叫公诉书。起诉书为打印文件。除首尾部分外,主要是三大部分,其中"犯罪事实和证据"一般是起诉书的主体。对不同性质案件要写出法律规定的犯罪特征;有关犯罪事实必须写清时间、地点、手段、目的(动机)、经过、后果等要素。要注意前后事实、时间之间的一致性,注意保护被害人名誉。叙述犯罪事实,要针对案件特点,详细得当,主次分明。

起诉书"附"项根据案件情况填写,包括被告人羁押场所,卷宗册数,赃物证物等。起诉书以案件为单位拟稿打印,一式多份。其中主送人民法院一份抄送公安机关一份;通过法院送达各被告人每人一份,辩护人每人一份;附入检察卷宗一份,附入检察院内卷一份。

二、刑事自诉状（一审自诉案件用）

（一）样式

自诉人：……（身份基本情况）

被告人：……（同上）

案由：……（列明案件罪名）

诉讼请求：……

请求法院依法惩处被告人××××的××××犯罪行为。

事实与理由：……（写明被告人犯罪行为的时间、地点、手段、情节和危害后果等案件情况，并写明起诉的法律依据）

证据来源：

　　　　此致

××××人民法院

附：本诉状副本　　　　份

　　　　　　　　　　　　　　　　自诉人：××××

　　　　　　　　　　　　　　　　　　年　月　日

（二）说明

1. "自诉人"、"被告人"均应写明姓名、性别、出生年月日、民族、出生地、文化程度、职业或者工作单位和职务、住址等项。对被告人的出生年月日确实不知的，可写其年龄。

2. "案由与诉讼请求"栏，应当写明控告的罪名和具体的诉讼请求。

3. 自诉状副本份数应当按被告人的人数提交。

三、附带民事起诉状（一审附带民事诉讼案件用）

（一）样式

附带民事诉讼原告人：……（身份基本情况）

附带民事诉讼被告人：……（同上）

诉讼请求：

1. 依法追究被告人××犯罪行为的刑事责任；

2. 判令被告人××赔偿原告人因其犯罪行为所遭受的损失人民币××××元；

3. 判令被告人××对上述损失承担连带赔偿责任。

事实与理由：

××年×月×日，被告人××进行××犯罪行为。对被告人的罪行，原告人已向公安机关进行了揭发和控告。现被告人××一案,已经××公安局侦查终结,由××人民检察院提起公诉。被告人××的犯罪事实和情节以及造成的危害后果,××人民检察院×检刑诉字〔20××〕第××号起诉书中有详细的叙述,这里不再重复。

被告人的犯罪行为,给原告人造成了物质损失,现依法提起附带民事诉讼,请一并审理,其事实和理由如下:

被告人××犯罪行为,使原告人遭受严重物质损失,共计人民币×××× 元。

原告人上述物质损失,完全是由被告人犯罪行为造成的,二者之间存在因果关系。《中华人民共和国刑事诉讼法》第九十九条第一款规定:"被害人由于被告人的犯罪行为而遭受物质损失的,在刑事诉讼过程中有权提起附带民事诉讼。"同时,《中华人民共和国民法通则》第一百零六条第二款、第一百一十七条第一款、第一百三十条规定:"公民、法人由于过错侵害国家的、集体的财产,侵害他人财产、人身的应当承担民事责任。""侵占国家的、集体的财产或者他人财产的,应当返还财产,不能返还财产的,应当折价赔偿。"

依上述规定,原告人特向贵院提起附带民事诉讼,请依法审判。

证人姓名和住址,证据和证据来源:

(1) 证人××,住址××,写书面证言1份,证明××事实;

(2) 证人××,住址××,写书面证言1份,证明××事实;

(3) 证据××,由××出具,×份,证明××事实;

(4) 证据××,由××出具,×份,证明××事实。

此致

××人民法院

附带民事诉讼原告人:××××

附:本状副本×份

20××年×月×日

(二)说明

1. 此样本适用案件范围

(1)公诉案件;

(2)共同犯罪案件;

(3)被害人是单位的案件。

2. 非上述案件,可参照适用。

四、刑事判决书(一审公诉案件使用普通程序)

(一)样式

×××人民法院

刑事判决书

(一审公诉案件适用普通程序用)

〔××××〕×刑初字第××号

公诉机关×××人民检察院。

被告人:……(写明姓名、性别、出生年月日、民族、出生地、文化程度、职业或者工作单位和职务、住址和因本案所受强制措施情况等,现羁押处所)。

辩护人:……(写明姓名、工作单位和职务)

×××人民检察院以×检×诉〔20××〕××号起诉书指控被告人×××犯××罪,于××××年××月××日向本院提起公诉。本院依法组成合议庭,公开(或者不公开)开庭审理了本案。×××人民检察院指派检察员×××出庭支持公诉,被害人×××及其法定代理人×××、诉讼代理人×××,被告人×××及其法定代理人×××、辩护人×××,证人×××,鉴定人×××,翻译人员×××等到庭参加诉讼。现已审理终结。

×××人民检察院指控……(概述人民检察院指控被告人犯罪的事实、证据和适用法律的意见)。

被告人×××辩称……(概述被告人对指控的犯罪事实予以供述、辩解、自行辩护的意见和有关证据)。辩护人×××提出的辩护意见是……(概述辩护人的辩护意见和有关证据)。

经审理查明,……(首先写明经庭审查明的事实;其次写明经举证、质证定案的证据及其来源;最后对控辩双方有异议的事实、证据进行分析、认证)。

本院认为,……(根据查证属实的事实、证据和有关法律规定,论证公诉机关指控的犯罪是否成立,被告人的行为是否构成犯罪,犯的什么罪,应否从轻、减轻、免除处罚或者从重处罚。对于控辩双方关于适用法律方面的意见,应当有分析地表示是否予以采纳,并阐明理由)。依照……(写明判决的法律依据)的规定,判决如下:

……

【写明判决结果。分三种情况:

定罪判刑的,表述为:

"一、被告人×××犯××罪,判处……(写明主刑、附加刑)。(刑期从判决执行之日起计算。判决执行以前先行羁押的,羁押一日折抵刑期一日,即自××

××年××月××日起至××××年××月××日止）。

二、被告人×××……（写明决定追缴、退赔或者发还被害人、没收财物的名称、种类和数额）。"

第二，定罪免刑的，表述为：

"被告人×××犯××罪，免予刑事处罚（如有追缴、退赔或者没收财物的，续写第二项）。"

第三，宣告无罪的，无论是适用《中华人民共和国刑事诉讼法》第一百九十五条第（二）项还是第（三）项，均应表述为：

"被告人×××无罪"。】

如不服本判决，可在接到判决书的第二日起十日内，通过本院或者直接向×××人民法院提出上诉。书面上诉的，应当提交上诉状正本一份，副本×份。

　　　　　　　　　审判长　×××
　　　　　　　　　审判员　×××
　　　　　　　　　审判员　×××
　　　　　　　　　（院印）
　　　　　　　　　××××年××月××日

本件与原本核对无异

　　　　　　　　　书记员　×××

（二）说明

1. 本样式根据《中华人民共和国刑事诉讼法》第一百八十条、第一百九十五条的规定制定，供第一审人民法院对于公诉案件按照第一审普通程序审理终结后，根据已经查明的事实、证据，依据有关法律规定，作出被告人有罪或者无罪，犯的什么罪，判处什么刑罚或者免除处罚，或者宣告无罪等处理决定时使用。

2. 本判决书样式由首部、事实、理由、判决结果和尾部五个部分组成。

（1）首部

①法院名称，一般应与院印的文字一致，但是基层人民法院的名称前应冠以省、自治区、直辖市的名称；判处涉外案件时，各级人民法院均应冠以"中华人民共和国"的国名。

②案号，由立案年度、制作法院、案件性质、审判程序的代字和案件的顺序号组成。如四川省成都市金牛区人民法院1998年立案的第18号刑事案件，表述为"〔1998〕金刑初字第18号"。案号写在文书名称下一行的右端，其最末一字与下面的正文右端各行看齐。案号上下各空一行。

③公诉机关，直接写"公诉机关×××人民检察院"。在"公诉机关"与"××

"×人民检察院"之间不用标点符号,也不用空格。

④被害人和法定代理人、诉讼代理人出庭参加诉讼的,在审判经过段的"出庭人员"中写明(未出庭的不写)。

⑤被告人的基本情况有变化时,应在样式要求的基础上,根据不同情况作相应改动:

i. 被告人如有与案情有关的别名、化名,应在其姓名后面用括号加以注明。

ii. 被告人的职业,一般应写工人、农民、个体工商户,等等;如有工作单位的,应写明其工作单位和职务。

iii. 被告人的"出生年月日",应写被告人准确的出生年月日;确实查不清出生年月日的,也可以写年龄。但对于未成年被告人,必须写出生年月日。

iv. 被告人曾受过刑事处罚、行政处罚、劳动教养,或者在限制人身自由期间有逃跑等法定或者酌定从重处罚情节的,应当写明其事由和时间。

v. 因本案所受强制措施情况,应写明被拘留、逮捕等羁押时间,以便于折抵刑期。

vi. 被告人项内书写的各种情况之间,一般可用逗号隔开;如果某项内容较多,可视行文需要,另行采用分号或者句号。

vii. 被告人的住址应写住所所在地;住所所在地和经常居住地不一致的,写经常居住地。

viii. 同案被告人有两人以上的,按主从关系的顺序列项书写。

ix. 被告人是外国人的,应在其中文译名后用括号写明其外文姓名、护照号码、国籍。

⑥被告人是未成年人的,应当在写明被告人基本情况之后,另行续写法定代理人的姓名、与被告人的关系、工作单位和职务以及住址。

⑦辩护人是律师的,只写姓名、工作单位和职务,即"辩护人×××,×××律师事务所律师";辩护人是人民团体或者被告人所在单位推荐的,只写姓名、工作单位和职务;辩护人是被告人的监护人、亲友的,还应写明其与被告人的关系;辩护人如果是人民法院指定的,写为"指定辩护人",并在审判经过段中作相应的改动。同案被告人有两人以上并各有辩护人的,分别在各被告人项的下一行列项书写辩护人的情况。

⑧案件的由来和审判经过段中检察院的起诉日期为法院签收起诉书等材料的日期;出庭的被告人、辩护人有多人的,可以概写为"上列被告人及其辩护人";出庭支持公诉的如系检察长、副检察长、助理检察员的,分别表述为"检察长"、"副检察长"、"代理检察员"。

⑨对于前案依据刑事诉讼法第一百九十五条第(三)项规定作出无罪判决,

人民检察院又起诉的,原判决不予撤销,但应在案件审判经过段"×××人民检察院以×检×诉〔　　　　〕××号起诉书"一句前,增写"被告人×××曾于××××年××月××日被×××人民检察院以×××罪向×××人民法院提起公诉。因证据不足,指控的犯罪不能成立,被×××人民法院依法判决宣告无罪。"

⑩对于经第二审人民法院发回重审的案件,原审法院重审以后,在制作判决书时,在"开庭审理了本案"一句之后,增写以下内容:"于××××年××月××日作出〔××××〕×刑初字第××号刑事判决,被告人×××提出上诉(或者××人民检察院提出抗诉)。×××人民法院于××××年××月××日作出〔××××〕×刑终字第××号刑事裁定,撤销原判,发回重审。本院依法另行组成合议庭,公开(或者不公开)开庭审理了本案。"

(2)事实

事实是判决的基础,是判决理由和判决结果的根据。制作判决书,首先要把事实叙述清楚。书写判决事实时,应当注意以下几点:

①按照样式规定,事实部分包括四个方面的内容:人民检察院指控被告人犯罪的事实和证据;被告人的供述、辩解和辩护人的辩护意见;经法庭审理查明的事实和据以定案的证据,并分四个自然段书写,以充分体现控辩式的审理方式。

②叙述事实时,应当写明案件发生的时间地点,被告人的动机、目的、手段、实施行为的过程、危害结果和被告人在案发后的表现等内容,并以是否具备犯罪构成要件为重点,兼叙影响定性处理的各种情节。依法公开审理的案件,案件事实未经法庭公开调查的,不能认定。

③叙述事实要层次清楚,重点突出。一般按时间先后顺序叙述;一人犯数罪的,应当按罪行主次的顺序叙述;一般共同犯罪案件,应当以主犯为主线进行叙述;集团犯罪案件,可以先综述集团的形成和共同的犯罪行为,再按首要分子、主犯、从犯、胁从犯或者罪重、罪轻的顺序分别叙述各个被告人的犯罪事实。

④认定事实的证据必须做到:第一,依法公开审理的案件,除无需举证的事实外,证明案件事实的证据必须经法庭公开举证、质证,才能认证;未经法庭公开举证、质证的,不能认证。第二,特别要注意通过对证据的具体分析、认证来证明判决所确认的犯罪事实。防止并杜绝用"以上事实,证据充分,被告也供认不讳,足以认定"的抽象、笼统的说法或者用简单的罗列证据的方法,来代替对证据的具体分析、认证。法官认证和采信证据的过程应当在判决书中充分体现出来。第三,证据要尽可能写得明确、具体。证据的写法,应当因案而异。案情简单或者控辩双方没有异议的,可以集中表述;案情复杂或者控辩双方有异议的,应当进行分析、认证;一人犯数罪或者共同犯罪案件,还可以分项或者逐人逐罪叙述

证据或者对证据进行分析、认证。对控辩双方没有争议的证据,在控辩主张中可不予叙述,而只在"经审理查明"的证据部分具体表述,以避免不必要的重复。

⑤叙述证据时,应当注意保守国家秘密,保护报案人、控告人、举报人、被害人、证人的安全和名誉。

(3)理由

理由是判决的灵魂,是将犯罪事实和判决结果有机联系在一起的纽带。其核心内容是针对案情特点,运用法律规定、政策精神和犯罪构成理论,阐述公诉机关的指控是否成立,被告人的行为是否构成犯罪,犯的什么罪,依法应当如何处理,为判决结果打下基础。书写判决理由时,应当注意以下几点:

①理由的论述一定要有针对性,有个性。要注意结合具体案情,充分摆事实、讲道理。说理力求透彻,逻辑严密,无懈可击,使理由具有较强的思想性和说服力。防止理由部分不说理或者说理不充分,只引用法律条文,不阐明适用法律的道理;切忌说空话、套话,理由千篇一律,只有共性,没有个性。尽量使用法律术语,并注意语言精练。

②确定罪名,应当以刑法和《最高人民法院关于执行〈中华人民共和国刑法〉确定罪名的规定》为依据。一人犯数罪的,一般先定重罪,后定轻罪;共同犯罪案件,应在分清各被告人在共同犯罪中的地位、作用和刑事责任的前提下,依次确定首要分子、主犯、从犯或者胁从犯、教唆犯的罪名。

③如果被告人具有从轻、减轻、免除处罚或者从重处罚等一种或者数种情节的,应当分别或者综合予以认定。

④对控辩双方适用法律方面的意见应当有分析地表明是否予以采纳,并阐明理由。

⑤判决的法律依据,根据《最高人民法院关于司法解释工作的若干规定》,应当包括司法解释在内。在引用法律条文时,应当注意:

第一,要准确、完整、具体。准确,就是要恰如其分地符合判决结果;完整,就是要把据以定性处理的法律规定和司法解释全部引用;具体,就是要引出法律依据条文外延最小的规定,即几条下分款分项的,应写明第几条第几款第几项;有的条文只分项不分款的,则写明第几条第几项。

第二,要有一定的条理和顺序。一份裁判文书应当引用两条以上的法律条文的,应当先引用有关定罪与确定量刑幅度的条文,后引用从轻、减轻、免除处罚或者从重处罚的条文;判决结果既有主刑,又有附加刑内容的,应当先引用适用主刑的条文,后引用适用附加刑的条文;某种犯罪需要援引其他条款的法定刑处罚(即援引法定刑)的,应当先引用本条条文,再按本条的规定,引用相应的法律条文;一人犯数罪的,应当逐罪引用法律条文;共同犯罪的,既可集中引用有关的法律条文,也可逐人逐罪引用有关的法律条文。

第三,引用的法律依据中,既有法律规定又有司法解释规定的,应当先引用法律规定,再引用相关的司法解释;同时适用修订前后刑法的,对修订前的刑法,称"1979年《中华人民共和国刑法》";对修订后的刑法,称"《中华人民共和国刑法》"。

(4)判决结果

判决结果(又称"主文")是依照有关法律的具体规定,对被告人作出的定性处理的结论,应当字斟句酌,认真推敲。书写判决结果时,应当注意以下几点:

①判处的各种刑罚,应按法律规定写明全称。既不能随意简化,如将"判处死刑,缓期二年执行"的,简写为判处(死缓);也不能"画蛇添足",如将宣告缓刑的,写为"判处有期徒刑×年,缓期×年执行"。

②有期徒刑的刑罚应当写明刑种、刑期和主刑的折抵办法以及起止时间。本样式系按判处有期徒刑、拘役的模式设计起止时间的。如系判处死刑缓期二年执行的,起止时间表述为:"死刑缓期二年执行的期间,从高级人民法院核准之日起计算";如系判处管制的,表述为:"刑期从判决执行之日起计算;判决执行以前先行羁押的,羁押一日折抵刑期二日,即自××××年××月××日起至××××年××月××日止"。

③关于对三类特殊案件判决结果的表述。根据《最高人民法院关于执行〈中华人民共和国刑事诉讼法〉若干问题的解释》第一百七十六条第(六)、(七)项的规定,对被告人因不满16周岁不予刑事处罚和被告人是精神病人,在不能辨认或者不能控制自己行为的时候造成危害结果不予刑事处罚的,均应当在判决结果中宣告"被告人×××不负刑事责任"。依照本条第(九)项的规定,对被告人死亡的案件,根据已查明的案件事实和认定的证据材料,能够确认被告人无罪的,应当在判决结果中宣告"被告人×××无罪"。

④适用《中华人民共和国刑事诉讼法》第一百九十五条第(三)项规定宣告被告人无罪的,应当将"证据不足,×××人民检察院指控的犯罪不能成立",作为判决的理由,而不应当作为判决的主文。

⑤追缴、退赔和发还被害人、没收的财物,应当写明其名称、种类和数额。财物多、种类杂的,可以在判决结果中概括表述,另列清单,作为判决书的附件。

⑥数罪并罚的,应当分别定罪量刑(包括主刑和附加刑),然后按照刑法关于数罪并罚的原则,决定执行的刑罚,切忌综合(即"估堆")量刑。

⑦一案多人的,应当以罪责的主次或者判处刑罚的轻重为顺序,逐人分项定罪判处。

(5)尾部

①如果适用《中华人民共和国刑法》第六十三条第二款的规定在法定刑以下

判处刑罚的,应当在交代上诉权之后,另起一行写明:"本判决依法报请最高人民法院核准后生效。"

②判决书的尾部应当由参加审判案件的合议庭组成人员或者独任审判员署名。合议庭成员有陪审员的,署名为"人民陪审员";合议庭成员有助理审判员的,署名为"代理审判员";助理审判员担任合议庭审判长的,与审判员担任合议庭审判长一样,署名为"审判长";院长"副院长"或者庭长"副庭长"参加合议庭的,应当担任审判长,均署名为"审判长"。

③判决书尾部的年月日,为作出判决的日期。当庭宣判的,应当写当庭宣判的日期;定期或者委托宣判的,应当写签发判决书的日期(裁定书亦同)。当庭宣告判决的,其不服判决的上诉和抗诉的期限,仍应当从接到判决书的第二日起计算。

④判决书原本上不写"本件与原本核对无异"。此句文字应制成专用印戳,由书记员将正本与原本核对无异之后,加盖在正本末页的年月日的左下方、书记员署名的左上方。

五、刑事附带民事判决书(一审公诉案件适用普通程序)

(一)样式

××××人民法院

刑事附带民事判决书

(××××) 刑初字第×× 号

公诉机关:××××××××人民检察院

附带民事诉讼原告人(被害人):……(写明姓名、性别、出生年月日、民族、籍贯、职业或工作单位和职务、住址等)

被告人:……(写明姓名、性别、出生年月日、民族、籍贯、职业或工作单位和职务、住址和因本案所受强制措施情况等,现在何处)

辩护人:……(写明姓名、性别工作单位和职务)

×××××人民检察院于××××年××××月××××日以被告人××××犯××××罪,向本院提起公诉;在诉讼过程中,被害人××××又以要求被告人××××赔偿经济损失为由,向本院提起附带民事诉讼。本院受理后,依法组成合议庭(或由审判员×××独任审判),公开(或不公开)开庭对本案进行了合并审理,××××人民检察院检察长(或员)××××出庭支持公诉,附带民事诉讼原告人(被害人)××××及其×××代理人××××、被告人××××及其辩护人××××、证人××××等到庭参加诉讼。本案现已审理终结。

……(首先概述检察院指控的基本内容,并简述附带民事诉讼原告人起诉的

民事内容;其次写明被告人供认、辩解和辩护人辩护的要点)

经审理查明,……(除详写法院认定的事实、情节和证据外,还应写明由于被告人的行为造成被害人直接经济损失的事实。如果控、辩双方或一方对事实有异议,应予分析否定。在认定事实时,不但要具体列举证据,而且要通过对主要证据的分析论证,来说明本判决认定的事实的正确性)

本院认为,……〔根据查证属实的事实、情节和法律规定,除论证被告人是否犯罪、犯什么罪,应否追究刑事责任外,还应论证被告人对被害人的经济损失应否负民事赔偿责任(一案多人的还应分清各被告人的地位、作用及其刑事和民事责任),应该从宽或从严处理。对于控、辩双方关于适用法律方面的意见和理由,应有分析地表示采纳或予以批驳〕。依照……(写明判决所依据的法律条款项)的规定,判决如下:

【写明判决结果。分四种情况:

第一,被告人构成犯罪并应赔偿经济损失的,表述的:

"1. 被告人××××犯××××罪,……(写明判处的刑罚或者免予刑事处分);

2. 被告人××××赔偿被害人××××……(写明赔偿的金额和支付日期)。"

第二,被告人构成犯罪,但不赔偿经济损失的,表述为:

"1. 被告人××××犯××××罪,……(写明判处的刑罚或者免予刑事处分);

2. 被告人××××不承担民事赔偿责任(或免予赔偿经济损失)。"

第三,被告人不构成犯罪但应赔偿经济损失的,表述为:

"1. 被告人××××无罪;

2. 被告人××××赔偿……(写明受偿人的姓名以及赔偿的金额和支付日期)。"

第四,被告人不构成犯罪又不赔偿经济损失的,表述为:

"1. 被告人××××无罪;

2. 被告人×××不承担民事赔偿责任。"】

如不服本判决,可在接到判决书的第二日起××××日内通过本院或者直接向××××人民法院提出上诉。书面上诉的,应交上书状正本一份,副本××××份。

审判长:××××

审判员:××××

审判员:××××

＿＿年＿＿月＿＿日
（院印）

本件与原本核对无异

书记员：××××

（二）说明

1. 本样式根据《中华人民共和国刑法》第三十六条第一款、《中华人民共和国刑事诉讼法》第九十九条和《最高人民法院关于执行〈中华人民共和国刑事诉讼法〉若干问题的解释》中有关附带民事诉讼的规定制订,供第一审人民法院审理公诉案件过程中,在确定被告人是否承担刑事责任的同时,附带解决被告人对于被害人所遭受的物质损失(即经济损失)是否承担民事赔偿责任时使用。

2. 附带民事诉讼如系被害人提起的,应在"附带民事诉讼原告人"项内的"单位和职务、住址"之后,续写"系本案被害人";如果被害人是无行为能力或者限制行为能力的人,应当在第一项"附带民事诉讼原告人×××"之后,列第二项"法定代理人×××",并注明其与被害人的关系;如果被害人已经死亡,经更换当事人,由他的近亲属提起附带民事诉讼的,应当将其近亲属列为"附带民事诉讼原告人×××",并注明其与死者的关系。

3. 附带民事诉讼如系公诉机关提起的,本样式应作如下改动:

(1)删去首部的"附带民事诉讼原告人"项;

(2)将案件审判经过段的"犯×××罪……提起附带民事诉讼",改为"犯×××罪,同时致使……(写明受损失单位的名称或者被害人的姓名)遭受经济损失一案,向本院提起刑事附带民事诉讼";并将"附带民事诉讼原告人×××"从到庭参加诉讼的人员中删去。

(3)在控方指控项中增加有关附带民事诉讼的意见,并把"概述附带民事诉讼原告人的诉讼请求和有关证据"的内容删去。

4. 根据《最高人民法院关于执行〈中华人民共和国刑事诉讼法〉若干问题的解释》第八十六条的规定,附带民事诉讼中依法负有赔偿责任的人,除刑事被告人(公民、法人和其他组织)外,还包括:没有被追究刑事责任的其他共同致害人;未成年刑事被告人的监护人;已被执行死刑的罪犯的遗产继承人;共同犯罪案件中,案件审结前已死亡的被告人的遗产继承人;其他对刑事被告人的犯罪行为应当承担民事赔偿责任的单位和个人。因此,刑事附带民事诉讼如有除"被告人"以外的"附带民事诉讼被告人"的,应当在"被告人"项后单独列项,并在文书的相应部分增加有关内容。

5. 刑事附带民事案件在判决理由部分,除需要引用刑法和刑事诉讼法的有关条文外,还必须同时引用《中华人民共和国民法通则》第一百一十九条和《最高人民法院关于贯彻执行〈中华人民共和国民法通则〉若干问题的意见》中有关损害赔偿的规定,作为判决的法律依据。

6. 公诉案件,人民法院在判决前,如果经调解,双方当事人就经济损失的赔偿已达成调解协议的,可以制作《刑事附带民事调解书》,经双方当事人签收后即具有法律效力,但不能制作《民事调解书》;刑事部分单独审结的,则应当制作《刑事判决书》。赔偿金额在判决前被告人已一次付清的,应当记入笔录,经双方当事人、审判人员、书记员签名或者盖章后即发生法律效力;如果当事人要求制作调解书的,也可以制作《刑事附带民事调解书》。经调解无法达成协议或者调解书签收前当事人反悔的,附带民事诉讼则应当同刑事诉讼一并判决,并制作《刑事附带民事判决书》。

7. 审理刑事附带民事案件,根据《最高人民法院关于执行〈中华人民共和国刑事诉讼法〉若干问题的解释》第二百四十二条的规定,对附带民事判决或者裁定的上诉、抗诉期限,应当按照刑事部分的上诉、抗诉期限确定。

8. 刑事附带民事诉讼不同于单纯的刑事诉讼,它要在刑事诉讼过程中依照民事诉讼程序附带解决民事赔偿问题。因此,在制作这种判决书时,应当注意在首部、事实、理由和判决结果部分完整地反映出刑事附带民事诉讼这一特点。

9. 按本样式制作判决书时,注意参阅一审公诉案件适用普通程序用的刑事判决书样式及其说明。

六、刑事判决书(一审自诉案件用)

(一)样式

××××人民法院

刑事判决书

(××××)×刑初字第××号

自诉人:……(写明姓名、性别、出生年月日、民族、籍贯、职业或工作单位和职务、住址等)

被告人:……(写明姓名、性别、出生年月日、民族、籍贯、职业或工作单位和职务、住址等)

辩护人:……(写明姓名、性别、工作单位和职务)

自诉人×××以被告人×××犯××罪,向本院提起控诉。本院受理后,依法由审判员×××独任审判(或组成合议庭),公开(或不公开)开庭审理了本案。自诉人×××、被告人×××及其辩护人×××、证人×××等到庭参加诉讼。本案现已审理终结。

……（首先概述自诉人控告和请求的基本内容，其次写明被告人的供述、辩解和辩护人辩护的要点）。

经审理查明，……（详写法院认定的事实、情节及其证据。如果双方当事人对事实、情节、证据各持异议的，应当通过主要证据的分析论证，来说明本判决认定的事实的正确性）。

本院认为，……（根据本证属实的事实、情节和法律规定，论证被告人构成何种犯罪，应当从宽或从严处理。对于控、辩双方关于适用法律方面的意见和理由，应当有分析地表示采纳或予以批驳）。依照……（写明判决所依据的法律条款项）的规定，判决如下：

被告人×××犯××罪，……（写明判处的刑罚或者免予刑事处分等）。

如不服本判决，可在接到判决书的第二日起××日内，通过本院或者直接向××××人民法院提出上诉。书面上诉的，应交上诉状正本一份，副本×份。

审判员×××

××××年××月××日

（院印）

本件与原本核对无异

书记员×××

（二）说明

1. 本样式根据《中华人民共和国刑法》第三十六条、第三十七条和《中华人民共和国刑事诉讼法》第九十九条以及《最高人民法院关于执行〈中华人民共和国刑事诉讼法〉若干问题的解释》的有关规定制订，供基层人民法院审理刑事自诉并提起附带民事诉讼案件的过程中，在确定被告人是否承担刑事责任的同时，附带解决被告人对于被害人所遭受的物质损失（即经济损失）是否承担民事赔偿责任时使用。

2. 本样式是按被告人的行为构成犯罪并应当赔偿经济损失的模式设计的。如果条件变化，判决结果则应作相应改动。

3. 按本样式制作判决书时，注意参阅一审公诉案件适用普通程序用的刑事附带民事判决书以及一审自诉案件用的刑事判决书样式及其说明。

七、刑事上诉状（刑事案件上诉用）

刑事上诉状

上诉人（刑事案件被告人、刑事自诉案件自诉人、刑事附带民事案件原告人或被告人）：姓名、性别、出生年月日、民族、籍贯、职业或工作单位和职务、住址、邮政编码、联系电话等。（如上诉人委托律师代理诉讼的，应在其项后写明代理律师的姓名及其所在律师事务所的名称。）

被上诉人（刑事自诉案件自诉人或被告人、刑事附带民事案件原告人或被告人；刑事公诉案件被告人上诉不列被上诉人）：姓名、性别、出生年月日、民族、籍贯、职业或工作单位和职务、住址、邮政编码、联系电话等。（如被上诉人是法人或其他组织的，应写明其名称、住所、法定代表人或主要负责人的姓名和职务。）

上诉人因××一案，不服××××人民法院××××年××月××日（　）字第××号刑事判决（或裁定），现提出上诉。

上诉请求：

写明上诉人不服的原审裁判，要求第二审人民法院部分或全部撤销或者变更原审裁判，或者要求第二审人民法院重新审判等。

上诉理由：

明确提出原审裁判在认定事实方面，在适用法律方面或在诉讼程序方面存在的错误或不当之处，可以是上述一个方面，也可以是两个或三个方面，但都必须运用充分的事实证据和有关的法律依据加以论证，以说明自己的上诉请求是合法的。

证据和证据来源，证人姓名和住址：

如有新的证据、证人，应写明能够证明上诉请求的主要证据及其来源或证据线索，证人姓名和详细住址。（如证据、证人在事实部分已写明，则此处只需点明证据名称、证人住址即可。）

此致
××××人民法院
附：本上诉状副本××份

上诉人：×××

（代书人：×××）

××××年××月××日

八、刑事抗诉状

（一）二审程序适用

××人民检察院
刑事抗诉书

×检刑抗［××××］××号

××××人民法院以××号刑事判决书（裁定书）对被告人×××（姓名）×

××(案由)一案判决(裁定)……(判决、裁定结果)。本院依法审查后认为(如果是被害人及其法定代理人不服地方各级人民法院第一审的判决而请求人民检察院提出抗诉的,应当写明这一程序,然后再写"本院依法审查后认为"),该判决(裁定)确有错误(包括认定事实有误、适用法律不当、审判程序严重违法),理由如下:

……(根据不同情况,理由从认定事实错误、适用法律不当和审判程序违法等几方面阐述。)

综上所述,……(概括上述理由),为维护司法公正,准确惩治犯罪,依照《中华人民共和国刑事诉讼法》第二百一十七条的规定,特提出抗诉,请依法判处。

此致
×××人民法院

×××人民检察院(院印)
××××年××月××日

附:1.被告人×××现羁押于×××(或者现住×××)。

2.新的证人名单或者证据目录。

(二)审判监督程序适用

×××人民检察院
刑事抗诉书

××检刑抗[××××]××号

原审被告人……(依次写明姓名、性别、出生年月日、民族、出生地、职业、单位及职务、住址、服刑情况。有数名被告人的,依犯罪事实情节由重至轻的顺序分别列出)。

×××人民法院以××号刑事判决书(裁定书)对被告人×××(姓名)×××(案由)一案判决(裁定)……(写明生效的一审判决、裁定或者一审及二审判决、裁定情况)。经依法审查(如果是被告人及其法定代理人不服地方各级人民法院的生效判决、裁定而请求人民检察院提出抗诉的,或者有关人民检察院提请抗诉的,应当写明这一程序,然后再写"经依法审查"),本案的事实如下:

……(概括叙述检察机关认定的事实、情节。应当根据具体案件事实、证据情况,围绕刑法规定该罪构成要件特别是争议问题,简明扼要地叙述案件事实、情节。一般应当具备时间、地点、动机、目的、关键行为情节、数额、危害结果、作案后表现等有关罪量刑的事实、情节要素。一案有数罪、各罪有数次作案的,应当依由重至轻或者时间顺序叙述。)

本院认为,该判决(裁定)确有错误(包括认定事实有误、适用法律不当、审判程序严重违法），理由如下：

……（根据情况，理由可以从认定事实错误、适用法律不当和审判程序严重违法等几方面分别论述。）

综上所述……（概括上述理由），为维护司法公正，准确惩治犯罪，依照《中华人民共和国刑事诉讼法》第二百四十三条第三款的规定，对×××法院×××号刑事判决（裁定）书，提出抗诉，请依法判处。

此致
×××人民法院

×××人民检察院（院印）

××××年××月××日

附：1.被告人×××现服刑于×××（或者现住×××）。

2.新的证人名单或者证据目录。

九、第二审刑事判决书样式

（一）二审改判用

×××人民法院

刑事判决书

（二审改判用）

〔××××〕×刑终字第××号

原公诉机关×××人民检察院。

上诉人（原审被告）：……（写明姓名、性别、出生年月日、民族、出生地、文化程度、职业或工作单位和职务、住址和因本案所受强制措施情况等，现羁押处所）

辩护人：……（写明姓名、工作单位和职务）

×××人民法院审理×××人民检察院指控原审被告人×××犯×××罪一案，于××××年××月××日作出〔××××〕×刑初字第××号刑事判决。原审被告人×××不服，提出上诉。本院依法组成合议庭，公开（或者不公开）开庭审理了本案。×××人民检察院指派检察员×××出庭履行职务。上诉人（原审被告人）×××及其辩护人×××等到庭参加诉讼。现已审理终结。

……（首先概述原判决认定的事实、证据、理由和判处结果；其次概述上诉、辩护的意见；最后概述人民检察院在二审中提出的新意见。）

经审理查明，……（首先写明经二审审理查明的事实；其次写明二审据以定案的证据；最后针对上诉理由中与原判认定的事实、证据有异议的问题进行分析、认证。）

本院认为,……(根据二审查明的事实、证据和有关法律规定,论证原审法院判决认定的事实、证据和适用法律是否正确。对于上诉人、辩护人或者出庭履行职务的检察人员等在适用法律、定性处理方面的意见,应当有分析地表示是否予以采纳,并阐明理由)。依照……(写明判决的法律依据)的规定,判决如下:

……

【写明判决结果。分两种情况:

第一,全部改判的,表述为:

"一、撤销×××人民法院〔××××〕×刑初字第××号刑事判决;

二、上诉人(原审被告人)×××……(写明改判的具体内容)。

(刑期从……)"

第二,部分改判的,表述为:

"一、维护×××人民法院〔××××〕×刑初字第××号刑事判决的第×项,即……(写明维持的具体内容);

二、撤销×××人民法院〔××××〕×刑初字第××号刑事判决的第×项,即……(写明撤销的具体内容);

三、上诉人(原审被告人)×××……(写明部分改判的具体内容)。

(刑期从……)"。】

本判决为终审判决。

审判长:×××

审判员:×××

审判员:×××

本件与原本核对无异

××××年××月××日

(院印)

书记员:×××

(二)刑事附带民事判决书(二审改判用)

××××人民法院

刑事附带民事判决书

(二审改判用)

〔××××〕×刑终字第××号

上诉人(原审被告人):……(写明姓名、性别、出生年月日、民族、籍贯、职业或工作单位和职务、住址等)。

辩护人：……（写明姓名、性别、工作单位和职务）。

原审自诉人兼附带民事诉讼原告人：……（写明姓名、性别、出生年月日、民族、籍贯、职业或工作单位和职务、住址等）。

委托代理人：……（写明姓名、性别、工作单位和职务）。

××××人民法院审理自诉人兼附带民事诉讼原告人×××控诉被告人×××……（写明案由）一案，于××××年××月××日作出（××××）×刑初字第××号刑事附带民事判决。被告人×××对判决的刑事部分和附带民事部分均不服，提出上诉。本院依法组成合议庭，公开（或不公开）开庭审理了本案。上诉人（原审被告人）×××及其辩护人×××、原审自诉人兼附带民事诉讼原告人×××及其委托代理人×××、证人×××等到庭参加诉讼。本案现已审理终结（未开庭的改为："本院依法组成合议庭审理了本案，现已审理终结"）。

……（首先概述原判决的基本内容，其次写明上诉、辩护的主要意见）。

经审理查明，……（写明原判决认定的犯罪事实和造成被害人经济损失的情况，哪些是正确的或全部是正确的，有哪些证据足以证明；哪些是错误的或全部是错误的，否定的理由有哪些。如果上诉、辩护对事实、情况提出异议，应予重点分析答复）。

本院认为，……（根据二审确认的事实、情节和有关法律规定，论证被告人是否犯罪，犯什么罪，对被害人的经济损失应否负责赔偿（一案多人的还应分清各被告人的地位、作用及其刑事和民事责任），应否从宽或者从严处理。指出原判决的定罪量刑和赔偿经济损失哪些正确，哪些错误或者全部错误。对于上诉、辩护中关于适用法律、定罪量刑和赔偿经济损失方面的意见和理由，应当有分析地表示采纳或者予以批驳）。依照……（写明判决所依据的法律条款项）的规定，判决如下：

……

【写明判决结果。分两种情况：

第一，全部改判的，表述为：

"一、撤销××××人民法院〔××××〕×刑初字第××号刑事附带民事判决；

二、上诉人（原审被告人）×××……（写明改判的刑事和附带民事的内容）。"

第二，部分改判的，表述为：

"一、维持××××人民法院〔××××〕×刑初字第××号刑事附带民事判决的第×项，即……（写明维持的具体内容）；

二、撤销××××人民法院〔××××〕×刑初字第××号刑事附带民事判决的第×项，即……（写明撤销的具体内容）；

三、上诉人(原审被告人)×××……(写明部分改判的刑事和附带民事的内容)。"】

本判决为终审判决。

审判长　×××

审判员　×××

审判员　×××

××××年××月××日

(院印)

本件与原本核对无异

书记员×××

十、人民法院刑事裁定书(二审维持原判用)

×××人民法院刑事裁定书

(二审维持原判用)

〔××××〕×刑终字第××号

原公诉机关×××人民检察院。

上诉人(原审被告人):……(写明姓名、性别、出生年月日、民族、出生地、文化程度、职业或者工作单位和职务、住址和因本案所受强制措施情况等,现羁押处所)。

辩护人:……(写明姓名、工作单位和职务)。

×××人民法院审理×××人民检察院指控原审被告人×××犯××罪一案,于××××年××月××日作出〔××××〕×刑初字第××号刑事判决。原审被告人×××不服,提出上诉。本院依法组成合议庭,公开(或者不公开)开庭审理了本案。×××人民检察院指派检察员×××出庭履行职务。上诉人(原审被告人)×××及其辩护人×××等到庭参加诉讼。现已审理终结。

……(首先概述原判决认定的事实、证据、理由和判决结果;其次概述上诉、辩护的意见;最后概述人民检察院在二审中提出的新意见)。

经审理查明,……(首先写明经二审审理查明的事实;其次写明二审据以定案的证据;最后针对上诉理由中与原判认定的事实、证据有异议的问题进行分析、认证)。

本院认为,……(根据二审查明的事实、证据和有关法律规定,论证原审法院判决认定事实、证据和适用法律是正确的。对于上诉人、辩护人或者出庭履行职务的检察人员等在适用法律、定性处理方面的意见,应当逐一作出回答,阐明不予采纳的理由)。依照……(写明裁定的法律依据)的规定,裁定如下:

驳回上诉,维持原判。

本裁定为终审裁定。

审判长　×××

审判员　×××

审判员　×××

（院印）

××××年××月××日

本件与原本核对无异

书记员　×××

十一、人民法院刑事裁定书（二审发回重审用）

××××人民法院

刑事裁定书

（二审发回重审用）

〔××××〕×刑终字第××号

原公诉机关××××人民检察院。

上诉人（原审被告人）：……（写明姓名、性别、出生年月日、民族、籍贯、职业或工作单位和职务、住址和因本案所受强制措施情况等，现在何处）。

辩护人：……（写明姓名、性别、工作单位和职务）。

××××人民法院审理被告人×××……（写明姓名和案由）一案，于××××年××月××日作出〔××××〕×刑初字第××号刑事判决，认定被告人×××犯××罪，判处……（简写判处结果）。被告人×××不服，以……（简写上诉的主要理由）为由，提出上诉。本院依法组成合议庭审理了本案（经过开庭审理的，还应写明庭审形式和到庭参加诉讼的人员）。

本院认为，……（简述原判事实不清，证据不足，或者严重违反法律程序的情况）。依照……（写明裁定所依据的法律条款项）的规定，裁定如下：

一、撤销××××人民法院〔××××〕×刑初字第××号刑事判决；

二、发回××××人民法院重新重判。

审判长　×××

审判员　×××

审判员　×××

××××年××月××日

（院印）

本件与原本核对无异

书记员　×××

十二、抗诉书

（一）样式

×××人民检察院

抗诉书

（××)×检刑抗字第×号

×××中级（高级）人民法院：

×××中级人民法院对××检察分院提起公诉的×××、×××一案，于×××年×月×日以(　　)字第　　号判决书，××××××。对此，××检察分院认为××中级人民法院对×××不当。向我院报告，提请抗诉。

经我院审查：

一审法院这样的判决显然不当。主要理由如下：

……

……

……

综上所述，我院认为××××××。本院根据《中华人民共和国刑事诉讼法》第×××条第×款之规定，特向你院提出抗诉，请予审查纠正。

年　　月　　日

（院章）

（二）说明

1. 首部

（1）标题

在文书顶端正中分两行书写检察机关名称和文书种类。

（2）编号

在标题右下方写上："（年度）×检刑抗字第×号"。

（3）原审被告人身份情况

依次写明被告人的姓名、性别、年龄、出生年月日、民族、籍贯、职业、单位及职务、住址、被采取强制措施或服刑情况。数名被告人的依由重至轻顺序分别列出。

（4）案由

这一项写明原审被告人的姓名、案件的性质、来源、审理过程、原审人民法院做出判决或裁定等内容。在表述时，必须按新样本的具体规定来写：

原审被告人×××……一案（写明姓名、案由）、由××公安局侦查终结移送本院审查起诉、本院年月日提起公诉（对自侦案件，相应改写为"本院侦查终结并提起公诉",对自诉案件相应改写为"自诉人×××年×月×日向人民法院提起诉讼"),人民法院以刑事判决书(裁定书)作出判决(裁定):……(判决、裁定结果)。经依法审查……(如果是被害人及其法定代理人不服地方各级法院第一审的判决而请求人民检察院提出抗诉的,应当写明这一程序。如果是按照审判监督程序提出抗诉的,应当写明生效的一审判决或二审判决情况、有关人民检察院提请抗诉的程序,然后再写明"经依法审查,本案的事实如下:……"。此项写完,即转入正文。)

2. 正文

正文包括犯罪事实及证据、提起抗诉的理由及法律依据两项内容。这是抗诉书的重点部分,必须认真写好。

(1)概括叙写抗诉机关认定的事实、情节

叙述事实应当根据具体案件事实、证据情况,围绕刑法规定该罪构成要件特别是争议的焦点问题,简明扼要地叙写案件经过。一般应当具备时间、地点、动机、目的、关键行为、情节、数额、危害后果、作案后表现等有关定罪量刑要素。一案有数罪,各罪有数次作案的,应依照由重至轻顺序叙写,文字应力求简明扼要。事实写完后另起一段,写明认定犯罪的证据,"上述犯罪事实有×××、×××、×××为证,证据确实充分,足以认定。"

(2)提起抗诉的理由及法律依据

这部分是抗诉书的关键项目,对提起抗诉活动能否成立具有举足轻重的作用,必须全力以赴写好,做到抗之有理,诉之有据。具体写法是:

开头先用"本院认为"作为提起语,进而详细阐明对原判决(裁定)的审查意见和抗诉理由。其写作的层次为:第一层,在"本院认为"之后,先用扼要的文字概括出被告人行为危害程度,情节轻重程度,依法应当如何判决。如:本院认为,被告人为区区小事竟持刀将被害人砍伤,其行为已构成故意伤害罪,依法应予惩处。第二层,再明确指出原审判决、裁定错误的核心之处,明确抗诉焦点。原审裁判的错误往往表现在多方面,据此,应用归纳法归结出原判决、裁定中几个主要错误,为批驳立下靶子。第三层,集中阐述抗诉理由、具体分析原审判决、裁定错误所在,论证检察机关的正确意见。一般来说,可以从以下几方面相应阐述抗诉的理由:

①针对原审判决(裁定)事实不清,判决(裁定)的根据不足,提出纠正或否定的事实依据和证据。刑事案件的判处应以"事实为根据",如果事实不清,判决裁定的证据不足,或者仅根据部分事实就草率下判,必然影响判决的正确性。抗诉机关发现原审法院的判决(裁定)在上述项目中确有错误或失当之处,可以运用新证据或充分的理由予以反驳。

②针对原审判决(裁定)定性和适用法律的不当,提出纠正否定的事实依据和法律依据。刑事案件的判处,应"以法律为准绳",如果原审的判决(裁定)在适用法律、定罪量刑上有错误,或是把依法不应当追究刑事责任的人定了罪判了刑,或是定性有误,判刑畸轻畸重,都是对实体法的违反,抗诉机关如发现可以以事实依据和法律依据为理由予以反驳。

③针对原审判决(裁定)违反法律规定的诉讼程序,提出纠正的法律依据。刑事案件的判处,必须严格按照诉讼程序进行,任何违反诉讼程序而做出的判决和裁定,本身不仅缺乏合理性,而且可能影响其正确性。抗诉机关如发现上述错误,可以以《刑事诉讼法》一审程序、二审程序有关条款为依据,进行反驳,予以纠正。

理由写完之后,另起一段,写明适用提起抗诉的法律依据,依法提出予以抗诉、请求改判的请求。适用的法律应根据抗诉程序的不同来加以引用,若属按上诉程序提起的抗诉,应引用刑事诉讼法第181条;若属按审判监督程序提起的抗诉,应引用刑事诉讼法第205条第3款。其写作格式如下:

综上所述,为严肃国法,准确惩治犯罪(或保障公民的合法权益),依照《中华人民共和国刑事诉讼法》第××条的规定,特提出抗诉,请依法改判。

(3)尾部

①致送单位名称;

②检察人员署名;

③制作该文书的时间,并在其上加盖检察机关的印章。

(4)附项

①被告人现在何处;

②证据目录;

③证人名单;

(证据目录、证人名单与一审无异,可注明"证据目录、证人名单与一审无异",不必另行移送。)

3. 注意事项

写作抗诉书时,理由的阐述要具体、充分。即对原审判决的错误或不当之处要进行深入、透彻的分析,抗之有理,抗之有据。以夹叙夹议的方式反驳,论述中可列举经检察机关调查认定的犯罪情节和新证据。

理由阐述要有条理。即阐述的内容要层次清楚、眉目清晰。原审判决或裁定如果有几个方面的错误时,阐述分析要按编号分条逐项地针对各点将理由逐一阐明,千万不要将诸多错误或问题纠葛在一起,致使头绪繁杂、含混不清。

理由的阐述要有很强的针对性。要有的放矢、一事一议、干脆利落。针对原审判决、裁定的错误之处提出抗诉的理由。观点和材料要力求统一。

第三章　民事诉讼模拟演练

实验内容和要求

（一）实验内容

演练开庭、法庭调查、法庭辩论、当事人陈述最后意见和评议宣判阶段。

（二）实验目的与要求

通过让参与的同学以扮演审判人员、书记员、原告、被告、诉讼代理人和其他相关参与人员对角色的扮演，熟悉在实验内容中的庭审主要阶段的程序。

（三）实验的重点与难点。

法庭调查环节的熟悉与运用、证据的展示与质证。

第一节　民事诉讼一审普通程序模拟演练

一、庭前准备

书记员检查庭审设施是否完备，标志牌是否齐全、摆放到位。

书记员查明当事人、诉讼代理人是否到庭。

书记员宣布：请当事人、诉讼代理人入庭，按席位就座。

书记员宣布：请大家肃静，现在宣布法庭纪律。

根据《中华人民共和国人民法院法庭规则》的规定，下列人员不得参加旁听：

1. 未成年人（经法院批准的除外）；

2. 精神病人和醉酒的人；

3. 其他不宜旁听的人。

当事人、其他诉讼参与人、旁听人员必须遵守以下纪律：

1. 旁听人员必须保持肃静，不准鼓掌、喧哗、吵闹，不得有其他妨碍审判活动的行为；

2. 旁听人员不得随便走动，不得进入审判区；

3. 当事人和其他诉讼参与人不得中途退庭，未经审判长同意，不得发言、提

问,发言时应注意文明礼貌,不得攻击、辱骂他人;

4. 未经法庭许可,任何人不得录音、录像和摄影;

5. 不准吸烟、嚼槟榔、嚼口香糖和随地吐痰;

6. 关闭移动电话等通讯设备。

对违反法庭纪律的,法庭将给予口头警告、训诫。对不听劝告的,经审判长决定,可以没收录音、录像、摄影器材,责令退出法庭,或者经院长批准予以罚款、拘留。对哄闹、冲击法庭等严重扰乱法庭秩序的人,依法追究刑事责任。

书记员宣布:全体起立,请审判长和审判员(人民陪审员)入庭。

审判长和合议庭组成人员入庭就座后,书记员:报告审判长,当事人及诉讼代理人均已到庭,庭前准备已经就绪。

审判长:请坐下。

二、庭审

审判长宣布开庭:(敲法槌)湖南省长沙市芙蓉区人民法院民事审判庭,根据《中华人民共和国民事诉讼法》第一百二十条第一款的规定,今天在此公开审理原告×××诉被告××××××××××纠纷一案,现在开庭。

(一)核对当事人及其诉讼代理人的身份和资格

审判长:现在核对当事人、诉讼代理人的身份和资格。

原告(法人)向法庭报告自己的名称、住所地、法定代表人的姓名和职务。

原告诉讼代理人向法庭报告自己的姓名、性别、工作单位和职务、住址及代理权限。

被告(自然人)向法庭报告自己的姓名、性别、出生年月日、民族、工作单位和职务、住址。

被告诉讼代理人向法庭报告自己的姓名、性别、工作单位和职务、住址及代理权限。

审判长询问当事人:

原告,你方对对方出庭人员的身份和资格有无异议?

被告,你方对对方出庭人员的身份和资格有无异议?

当事人均表示无异议后,审判长宣布:经核对,双方当事人及其诉讼代理人的身份和资格均符合《中华人民共和国民事诉讼法》的规定,可以参加本案诉讼。

(被告×××经传票传唤,无正当理由拒不到庭的,审判长应宣布:

被告×××经本院传票传唤,无正当理由拒不到庭。根据《中华人民共和国民事诉讼法》第一百三十条的规定,法庭对被告×××进行缺席审理和裁判。)

（二）宣布合议庭组成人员及书记员名单

审判长：下面宣布合议庭组成人员和书记员名单。根据《中华人民共和国民事诉讼法》第一百一十五条的规定，本院依法适用普通程序，由审判员（或代理审判员）×××担任审判长，与审判员（或代理审判员、人民陪审员）×××、×××组成合议庭进行审理。书记员×××担任庭审记录。

原告，听清了吗？

被告，听清了吗？

（三）告知当事人诉讼权利和诉讼义务。

审判长：现在告知当事人诉讼权利和诉讼义务。

根据《中华人民共和国民事诉讼法》第五十条、第五十一条、第五十二条的规定，当事人享有以下诉讼权利：

1. 申请回避的权利。当事人如认为合议庭组成人员、书记员、鉴定人、勘验人、翻译人与本案有利害关系，或者与本案当事人及其诉讼代理人有其他关系，可能影响本案的公正审理，有权申请回避，但申请回避应当说明理由。

2. 提供证据的权利。当事人有权提供证据证明自己陈述的事实和主张。

3. 经法庭许可，当事人可以向证人、鉴定人、勘验人提问，可以依法申请重新调查取证、组织勘验和鉴定。

4. 进行法庭辩论和请求法庭主持调解的权利。

当事人有权对对方的主张提出自己的看法，阐述自己的观点，论述自己的主张，以及对应该如何认定案件事实和适用法律展开辩论。

在案件开始审理后直至宣判前，当事人都可以根据自愿、合法的原则，请求法庭主持调解。

5. 原告有放弃、变更、增加诉讼请求的权利，被告有反驳和反诉的权利。

6. 陈述最后意见的权利。

法庭辩论结束后，当事人有权向法庭陈述自己对案件应该如何处理的最后意见。

当事人必须自觉履行以下诉讼义务：

1. 依法正确行使诉讼权利；

2. 遵守法庭纪律和诉讼秩序，听从审判长指挥；

3. 对自己提出的诉讼主张有责任提供证据；

4. 如实陈述案件事实，不得歪曲事实，不得提供虚假证据，更不得伪造证据。否则，应当依法承担法律责任。

5. 自觉履行发生法律效力的判决书、调解书、裁定书。

审判长询问当事人：

原告是否听清法庭告知的当事人诉讼权利和诉讼义务？是否申请合议庭组成人员及书记员回避？

被告是否听清法庭告知的当事人诉讼权利和诉讼义务？是否申请合议庭组成人员及书记员回避？

【当事人提出回避申请的，审判长应要求当事人陈述申请回避的法定理由，然后宣布：由于当事人×××对合议庭组成人员×××（或书记员×××）提出回避申请，现在休庭，待依法作出是否回避的决定后继续开庭。

作出决定后继续开庭，由审判长宣布决定：

1. （当事人对合议庭组成人员以外的其他人员提出回避申请的）审判长：

①当事人×××申请书记员×××回避，经审查，不符合《中华人民共和国民事诉讼法》第四十五条的规定，对当事人×××提出的回避申请不予准许；或②当事人×××申请书记员×××回避，经审查，符合《中华人民共和国民事诉讼法》第四十五条的规定，对当事人×××提出的回避申请予以准许。本案更换书记员，另定日期开庭。

2. （当事人对合议庭组成人员提出回避申请的）审判长：

①当事人×××申请合议庭组成人员×××回避，经本院院长（或本院审判委员会）审查，不符合《中华人民共和国民事诉讼法》第四十五条的规定，对当事人×××提出的回避申请不予准许；或②当事人×××申请合议庭组成人员×××回避，经本院院长（或本院审判委员会）审查，符合《中华人民共和国民事诉讼法》第四十五条的规定，对当事人×××提出的回避申请予以准许。本案更换合议庭组成人员，另定日期开庭。

当事人对不予准许回避申请的决定不服，申请复议的，不影响案件的开庭审理。对复议申请应当在三日内作出复议决定，并通知复议申请人。】

（四）法庭调查

审判长宣布：现在进行法庭调查。法庭调查是通过双方当事人及其诉讼代理人的陈述、答辩、举证、质证，查明案件事实，重点是当事人争议的事实以及法庭认为应当查明的事实。根据《中华人民共和国民事诉讼法》第六十四条的规定，当事人对自己的主张有责任提供证据，反驳对方的主张也应当提供证据或说明理由。

当事人陈述和答辩：

原告向法庭陈述诉讼请求以及所依据的事实和理由（可宣读《民事起诉状》），询问诉讼代理人有无补充意见；

【原告提出增加、变更诉讼请求，审判长应询问被告：原告主张×××（陈述增加或变更诉讼请求），当庭对其原来《民事起诉状》上的诉讼请求作了增加（变更）。根据最高人民法院《关于民事诉讼证据的若干规定》的规定,原告增加(变更)诉讼请求未在举证期限内提出的,被告可以同意合并审理,也可以不同意合并审理。被告是否同意合并审理?】

被告对原告的起诉进行答辩(可宣读《民事答辩状》),询问诉讼代理人有无补充意见。

当事人举证和质证:

审判长:现在进行法庭举证和质证。当事人举证和质证必须按照下列规则和要求进行。

1. 当事人所举证据必须符合《中华人民共和国民事诉讼法》第六十三条规定的七种证据形式要求,即书证、物证、视听资料、证人证言、当事人的陈述、鉴定结论、勘验笔录。

2. 举证时应向法庭及对方当事人提交证据目录及证据副本;书证应提供原件,以供法庭核对;物证要提供原物,原物确实无法提供的,要说明原物存放的地点。

3. 出示和宣读证据时,应向法庭陈述证据的名称、来源及基本内容,并说明所要证明的对象。

4. 质证时首先要对证据的真实性发表意见,其次要对证据的形式和取得是否合法发表意见;同时还要对证据与本案有无关联性,能否证明对方所要证明的问题发表意见。否认对方的证据,应当说明理由或提供反驳证据。

5. 对对方的举证不作肯定或否定表态的,视为对证据无异议。

6. 对一方当事人提供的证据,对方当事人质证时可以就相关问题提问,但必须先经审判长许可。

先由原告就自己的诉讼主张向法庭举证,由被告进行质证。

后由被告就自己的答辩主张向法庭举证,由原告进行质证。

证人出庭作证:

1. 传证人×××出庭;

2. 要求证人向法庭出示有效身份证件,询问证人的姓名、性别、出生年月日、民族、工作单位和职务、住址以及与当事人的关系。

3. 向证人告知证人的权利和义务:根据《中华人民共和国民事诉讼法》第七十条、第一百零二条的规定,凡是知道案件情况的单位和个人,都有义务出庭作证;证人要如实向法庭陈述案件事实,不得作虚假陈述,否则要承担相应的法律责任;证人依法出庭作证受法律保护,法律禁止任何人对证人作证进行打击报复。

4. 证人签署《证人出庭作证保证书》。

5. 证人向法庭如实陈述自己亲身感知的与案件有关的情况。

6. 经审判长许可,当事人可分别向证人提问。所提问题必须与案件有关,且不得涉及证人的隐私,否则证人有权拒绝回答。

7. 合议庭组成人员向证人询问。

8. 证人退庭。休庭后由证人在庭审笔录上签名。

审判长宣读勘验笔录、鉴定结论,征询双方当事人对勘验笔录、鉴定结论的意见。

审判长询问双方当事人有无新的证据出示。

对当事人所举证据能够当庭认证的,合议庭当庭认证。不宜当庭认证的,审判长宣布休庭后由合议庭在评议时进行认证。

审判长询问双方当事人就本案事实部分有无需要补充陈述的。

审判长询问双方当事人有无需要向对方当事人提问的问题。

审判长:现在法庭就本案的争议焦点向双方当事人发问,要求当事人如实回答。

审判长征询其他合议庭组成人员有无需要向当事人发问的问题。

审判长宣布法庭调查结束,开始法庭辩论。

(五)法庭辩论

审判长宣布:下面进行法庭辩论。法庭辩论的目的是在法庭调查的基础上,通过当事人发表辩论意见,提出法律依据,分清是非责任。双方当事人应当围绕本案双方当事人争议的焦点问题及法庭确认的事实和证据,提出支持自己诉讼主张或反驳对方诉讼主张的辩论意见。在法庭辩论中,应实事求是,阐明法律依据,讲明道理;应理性表达意见,不得纯情绪化地表达,更不得进行人身攻击。

根据《中华人民共和国民事诉讼法》第一百二十七条的规定,第一轮法庭辩论按下列顺序进行:

原告及其诉讼代理人发表辩论意见;

被告及其诉讼代理人发表辩论意见。

根据案件审理需要,审判长可宣布进行第二轮辩论,但应强调不得重复上一轮的意见。

法庭辩论时,当事人又主张新的事实或提供新的证据,审判长可视情况宣布中止法庭辩论,恢复法庭调查。

审判长视辩论情况询问双方当事人是否有新的补充辩论意见。如无新的补充意见,宣布法庭辩论结束。

(六)当事人陈述最后意见

审判长:现在由当事人陈述最后意见。

原告陈述最后意见。

被告陈述最后意见。

(七)法庭调解

根据《中华人民共和国民事诉讼法》第九条、第八十五条的规定,人民法院审理民事案件,根据自愿、合法的原则,在查明事实,分清责任的基础上主持调解。

审判长分别征询双方当事人是否愿意在法庭主持下进行调解的意见。双方当事人均同意调解的,应由双方当事人分别提出调解方案。法庭可根据案情提出调解方案供当事人参考,也可根据当事人的请求或时间安排,宣布休庭后进行庭外调解。

双方当事人经调解达成协议的,法庭应当宣布调解结果,告知当事人调解协议经双方当事人签字后即具有法律效力。

当事人不愿意调解,或经调解不能达成协议的,法庭应当宣布终止调解程序。

(八)评议和宣判

审判长宣布:休庭,由合议庭对案件进行评议,××分钟后继续开庭。(敲法槌)

(合议庭进行评议……)

书记员宣布:全体起立,请审判长和合议庭组成人员入庭。

(审判长和合议庭组成人员入庭就座后)审判长:请坐下。

审判长:(敲法槌)现在继续开庭。

审判长根据当事人的起诉和答辩、举证和质证、法庭辩论及合议庭评议情况,对证据进行认证,对案件事实进行认定,并简要说明裁判纠纷的法律依据和裁判理由。

当庭宣判的,审判长宣布"判决如下:……"时,书记员宣布:"全体起立"后,审判长再宣告判决主文。

审判长在告知当事人上诉权利、上诉期限和上诉法院后,宣布:原告×××诉被告×××××××××纠纷一案,现已审理终结。闭庭。(敲法槌)

【1. 经合议庭评议,案件事实清楚,法律关系明确,能够当庭宣判的,应当当庭宣判。宣告判决结果,告知当事人上诉权利、上诉期限和上诉法院后,宣布闭庭。(敲法槌)

2. 经合议庭评议,不宜当庭宣判的,审判长宣布休庭,本案定期宣判,宣判的时间和地点另行通知。(敲法槌)

3. 合议庭评议时如发现案件事实尚未查明,需要当事人补充提交证据或者需要人民法院另行调查核实的,或还需鉴定、勘验的,或适用法律依据不明确,因

而无法当庭宣判的,审判长宣布休庭,本案延期审理,下次开庭的时间和地点另行通知。(敲法槌)】

书记员宣布:请审判长和合议庭组成人员退庭。

(审判长和合议庭组成人员退庭后)书记员宣布:请旁听人员退庭,请双方当事人及诉讼代理人阅读核对庭审笔录。

根据《中华人民共和国民事诉讼法》第一百三十三条的规定,当事人及其诉讼代理人认为庭审笔录对自己的陈述有笔误和遗漏的,有权申请补正。如果不准补正,应当将申请记录在案。

庭审笔录由当事人及其诉讼代理人签名或者盖章。拒绝签名盖章的,记明情况附卷。

第二节　民事诉讼二审程序模拟演练

一、开庭预备

1. 书记员查明出庭参加诉讼的当事人和其他诉讼参与人的身份及代理权限。

2. 书记员宣布法庭纪律。

3. 书记员宣布全体起立,请审判长、审判员入庭。

4. 审判长宣布全体坐下。

5. 书记员向审判长报告当事人及其他诉讼参与人到庭情况及审查身份情况。

6. 审判长询问各方当事人对书记员查明的当事人及其他诉讼参与人的身份及出庭情况有无异议。如当事人对各方出庭人员没有异议,审判长宣布当事人及其他诉讼参与人符合法律规定,可以参加本案诉讼。

二、宣布开庭

1. 审判长宣布案由,进行公开开庭审理。不公开审理的,应当说明理由。

2. 被上诉人经传票传唤,无正当理由拒不到庭的,审判长可以宣布缺席审理,并说明缺席审理的依据。原审被告或原审第三人经传票传唤,无正当理由拒不到庭的,不影响案件的审理。

3. 审判长宣布合议庭组成人员、书记员名单。

4. 审判长询问各方当事人是否收到了开庭前有关当事人诉讼权利和义务

的"诉讼须知"。

5. 审判长询问各方当事人是否申请回避。当事人申请回避的,问清理由后,应当宣布休庭。

6. 当事人申请回避的理由不能成立,由审判长在宣布重新开庭后,宣布驳回回避申请;当事人申请回避的理由成立,决定回避的,由审判长宣布回避决定,并宣布延期审理。

当事人对驳回回避申请的决定不服,申请复议的,不影响案件的开庭审理,但应当在三日内作出复议决定并通知复议申请人,也可以在开庭时当庭告知复议申请人。

三、法庭调查

1. 审判长宣布进行法庭调查。审判长应提示:二审法庭调查的重点是上诉请求所涉及的争议事实。告知当事人对自己提出的主张负有举证责任;反驳对方的主张,也应提供相应证据或说明理由。

2. 由上诉人陈述上诉请求及理由;被上诉人陈述答辩理由。

3. 审判长询问上诉人对上诉请求有无变更。如有变更,上诉人应当说明理由并提供相应证据。被上诉人对此愿意当庭答辩的,应当由被上诉人陈述答辩理由。被上诉人就变更的上诉请求要求人民法院给予答辩期的,合议庭应当宣布休庭,在答辩期满后另定日期开庭审理。

4. 审判长应根据当事人的上诉与答辩,归纳当事人争议的焦点,引导当事人围绕争议焦点进行举证、质证。

5. 对原审人民法院认定的双方当事人没有异议的证据、事实,不再进行举证、质证,而由法庭直接认定。

6. 上诉人对原审人民法院认定的事实及证据持有异议的,应当当庭进行举证、质证。被上诉人对该异议当庭承认的,可以不再举证、质证。

7. 有两个以上的事实需要调查的,应当按照事件发展的内在逻辑和诉讼规律正确确定先后顺序,分清层次,逐一进行。

8. 当事人向法庭举证,人民法院出示依职权调查收集的证据、勘验、鉴定结论以及证人到庭作证和对各类证据的质证按照"一审操作规程"第四十一条至四十七条的规定办理。

9. 经审判长许可,当事人可以向证人、勘验人、鉴定人发问。当事人可以相互发问。

审判人员可以询问当事人及其他诉讼参与人。

10. 视听资料应当当庭播放,由当事人质证。

11. 涉及国家秘密、商业秘密、个人隐私的证据，法庭不得公开出示，但可以适当提示。

12. 法庭调查结束前，审判长应询问双方当事人有无新的证据向法院提供。

当事人要求提供新证据而不能立即提供的，合议庭应向该当事人询问证据的种类及需要证明的事实，并告知该当事人限期提供。

合议庭认为需要当事人补充证据，或由人民法院自行调查、收集证据，或进行重新勘验、鉴定，决定再次开庭的，审判长应对本次开庭情况进行小结，宣布庭审已经确认的证据，明确下次开庭法庭调查的重点。

13. 再次开庭时，只就未进行的事项进行调查审理，不再重复已经进行的程序或对已经质证、认定的证据进行质证、认定；补充的证据或者重新进行的勘验笔录、鉴定结论，必须经各方当事人质证。

14. 经过庭审质证的证据，能够当即认定的，应当当即认定；不能当即认定的，可以休庭合议后再予以认定。未经庭审质证的证据，不能作为定案的根据。

15. 下列事实，第二审开庭审理中无需举证、质证：

(1)原审人民法院已作认定，当事人在庭审中未提出异议的事实，或者一方当事人对对方当事人所陈述的事实和提出的诉讼请求，明确表示承认的；

(2)众所周知的事实和自然规律及定理；

(3)根据法律规定或已知事实，能推定出的另一事实；

(4)已为人民法院发生法律效力的裁判所确定的事实；

(5)经法定公证程序证明的事实。但有相反证据足以推翻公证证明的除外。

16. 对证据的审查、判断及认证，按照"一审操作规程"第六十条、六十一条、六十二条、六十三条、六十四条的规定办理。

17. 有证据证明持有证据的一方当事人无正当理由，在二审诉讼中仍拒不提供该证据的，如果对方当事人主张该证据的内容不利于证据持有人，可以推定该主张成立。

18. 当事人在一审中已有的证据故意不在一审中提供，而在二审中提供的，如对方当事人拒绝质证，且可能改变原审判决的，应发回重审。但一审法院不承担错案责任。

19. 一方当事人在一审中只提供了证人的书面证言，对方当事人对证人证言的认定有异议，并要求证人在第二审中出庭作证，证人应当出庭作证。无正当理由拒不出庭的，视为提供证人证言的当事人举证不能。

20. 法庭调查结束前，审判长应当就法庭调查认定的事实和当事人争议的焦点进行归纳总结，然后宣布法庭调查结束。

四、法庭辩论

1. 审判长宣布进行法庭辩论。

法庭辩论应当在法庭调查的基础上进行,未被法庭调查认定的证据、事实,不能作为辩论的依据或理由。

2. 法庭辩论应当围绕当事人上诉请求的范围进行,上诉请求没有涉及的内容不必辩论。当事人及其诉讼代理人的发言与本案无关或者重复未被法庭认定的事实,审判人员应予以制止。

3. 当事人及其诉讼代理人在发言中,对对方当事人及诉讼代理人进行人身攻击的,审判人员应予及时制止。不听劝阻的,可依法对其妨碍民事诉讼的行为采取强制措施。

4. 法庭辩论应当层次分明,有数个问题需要辩论时,要按照事物发展的内在逻辑和诉讼规律,确定辩论顺序,一般不能交叉进行。

5. 法庭辩论按下列顺序进行:
(1)上诉人及其诉讼代理人发言;
(2)被上诉人及其诉讼代理人发言;
(3)其他当事人及其诉讼代理人发言。

6. 一轮辩论结束后当事人要求继续辩论的,可以进行下一轮辩论。下一轮辩论不得重复前一轮辩论的内容。

7. 涉及定案的重要问题当事人及其诉讼代理人遗漏或忽略的,审判人员可以提示、引导当事人及其诉讼代理人进行辩论。

8. 法庭辩论时,审判人员不得对案件性质、是非责任发表意见,不得与当事人争辩。

9. 法庭辩论中,当事人又提出新的事实和证据,审判长可视情况宣布中止辩论,恢复法庭调查。调查结束后,继续进行法庭辩论。

10. 审判长宣布法庭辩论终结后,应按上诉人、被上诉人、其他当事人的顺序征询各方最后意见。

五、当庭调解

1. 当事人陈述最后意见后,审判长按照上诉人、被上诉人、其他当事人的顺序分别询问是否愿意调解。

当事人均愿意调解的,可以主持当庭进行调解,也可以在休庭后由主审法官主持进行。

2. 调解必须坚持自愿、合法的原则,不得对任何一方当事人以任何方式施加压力,强行调解。

3．调解时,可以先由各方当事人提出调解方案。当事人意见不一致的,合议庭可以根据双方当事人的请求提出调解方案,供双方当事人考虑,最后征询各方当事人的意见。

4．经调解当事人当庭达成调解协议的,应制作调解书。能够当即送达的要当即送达。

5．经过开庭审理当事人当庭达成和解协议,上诉人申请撤回上诉的,一般应予准许,但应告知各方当事人撤诉后,如不履行和解协议,则按原审判决执行的法律后果。

6．对当事人不愿意调解或调解不成的案件,审判长应当宣布休庭,合议庭评议案件。

六、合议庭评议和裁决的作出

1．合议庭评议案件,应当在休庭后及时进行。合议庭成员应针对当事人的上诉请求,根据法庭调查和辩论情况,就案件的事实、证据、性质、责任、适用法律以及处理结果等充分、明确地发表自己的意见和理由,不得简单附和他人的意见。

2．合议庭评议案件,实行少数服从多数的原则。合议庭成员发表的不同意见和理由,书记员必须如实记入笔录。不能仅记录合议庭的评议结论。合议庭评议笔录由合议庭成员审阅后签名。

3．合议庭组成人员对案件的事实、证据、性质、责任、适用法律以及处理结果等共同负责。

4．案件事实清楚,法律关系明确,是非责任分明,合议庭意见一致的,应当当庭宣判。

5．合议庭成员对案件的处理有重大分歧的,审判长应提请庭长审查。庭长审查后,可以提出指导性意见,要求合议庭复议。合议庭复议后形成一致意见的即可裁决。意见仍不一致的,报请分管院长审查,分管院长审查后,可以提出意见要求合议庭复议或决定提请审判委员会讨论。

6．作出结果：

(1)原审判决认定事实清楚,只是适用法律不当的,应依法直接改判,不能发回重审。

(2)原审判决认定的主要事实不清,二审中出现新的重要证据,可能影响当事人实体权利义务的,应当发回重审。

(3)原审判决认定事实有误,或者二审中出现新的证据,但不影响当事人实

模拟法庭演练

体权利义务的,可以直接改判。

第二审人民法院根据当事人在上诉中提供的新证据改判或者发回重审的案件,应当在判决书或者裁定书中写明对新证据的确认,不应当认为第一审裁判错误。

七、宣判

1. 宣告判决一律公开进行。宣判前,书记员应宣布当事人及其诉讼代理人、其他诉讼参与人、旁听人员起立。

2. 当庭宣判的主要内容包括:认定的主要事实、适用的法律、裁判的结果和理由、诉讼费的负担。

当庭宣判的,应当在 10 日内向当事人发送裁判文书。

3. 定期宣判的,应在三日前公告案由、当事人姓名或名称、宣判的时间、地点,并向当事人发送宣判传票,通知诉讼代理人到庭。宣判后,应当庭向当事人送达裁判文书,并由当事人在送达回证上签名或盖章。

4. 宣判前,上诉人申请撤回上诉的,是否准许,由人民法院裁定。

人民法院裁定不准许撤回上诉的,上诉人经传票传唤,无正当理由拒不到庭的,可以缺席宣判。

5. 宣判时,被上诉人及其他当事人不到庭的,可将裁判文书邮寄至当事人的法定住所,以回执上注明的收件日期为送达日期。

当事人下落不明的,可公告送达裁判文书。

八、宣布闭庭

1. 宣判后,审判长宣布闭庭。并告知当事人及其诉讼代理人和其他诉讼参与人当庭或者在五日内阅读庭审笔录。

2. 书记员宣布全体起立,请合议庭成员退庭。

3. 合议庭成员退庭后,书记员宣布当事人诉讼代理人、其他诉讼参与人和旁听人员退庭。

60

第三节　本章主要诉讼文书

一、民事起诉状

（一）民事起诉书样式

民事起诉状

（公民提起民事诉讼用）

原告：

被告：

案由：

诉讼请求：

……

事实与理由：

……

证据和证据来源，证人姓名和住址：

……

　　此致

_____人民法院

起诉人：××××

年　月　日

附：本诉状副本份

民事起诉状

（法人或其他组织提起民事诉讼用）

原告：

住所地：

法定代表人（或主要负责人）姓名：　　　职务：　　　电话：

企业性质：　　　　　工商登记核准号：

经营范围和方式：

开户银行：　　　　账号：

被告名称：

住所地：

法定代表人(或主要负责人)姓名:职务:电话:

案由:

诉讼请求:

……

事实与理由:

……

证据和证据来源,证人姓名和住址:

……

　　此致

_____人民法院

起诉人:×××

年　月　日

附:本诉状副本×份。

(二)文书内容

1. 首部

(1)标题。居中写明:"民事起诉状"。

(2)当事人的基本情况。分别写明原告、被告的姓名、性别、出生年月日、民族、职业、工作单位和职务、住址等。如果同案原告为二人以上,应一一写明。如果同案被告有二人以上,应按责任大小的顺序写明。如果原告或被告系无诉讼行为能力人,应在其项后写明法定代理人的姓名、性别、职业、工作单位和住址及其与原告或被告的关系。如果被告是法人、其他组织的,应写明其名称和住所以及其法定代表人(或主要负责人)的姓名和职务。如果有第三人,应写明第三人的姓名、性别、出生年月日、民族、籍贯、职业、工作单位和住址等。如果第三人是法人或者其他组织的,应写明法人或者其他组织的名称和住所,以及法定代表人(或主要负责人)的姓名和职务。如果原告委托律师代理诉讼,应在其项后或其法定代理人项后写明代理律师姓名及代理律师所在的律师事务所名称。

(3)案由。

(4)诉讼请求。写明原告请求人民法院依法解决的有关民事权益争议的问题,即诉讼标的。依确认之诉、变更之诉和给付之诉的不同请求,具体写出。

2. 正文

(1)事实部分。应写明原告、被告民事法律关系存在的事实,以及双方发生民事权益争议的时间、地点、原因、经过、情节和后果。一般应以时间顺序,既要如实地写明案情,又要重点详述被告侵权的行为后果。

（2）理由部分。要根据案情和有关法律、法规和政策阐明原告对本案的性质、被告的责任以及如何解决纠纷的看法。

（3）证据。写明向人民法院提供的能够证明案情的证据的名称、件数或证据线索，并写明证据来源。有证人的，应写明证人的姓名和住址。

3. 尾部

（1）致送人民法院的名称。

（2）原告签名或盖章。如果是法人应加盖公章。如果仅委托律师为原告代书起诉状，可在诉状的最后写上代书律师的姓名及代书律师所在的律师事
　务所名称。

（3）起诉时间。

（4）附项。

①本诉状副本份数，诉状副本份数应按被告（含第三人）的人数提交。

②其他有关证据及证明材料。

二、民事答辩状

（一）文书样式

民事答辩状

答辩人：(姓名、性别、出生年月日、民族、职业、工作单位和职务、住址)

答辩人因＿＿＿＿＿＿＿一案，提出答辩如下：

_____

_____。

　　　　此致

＿＿＿＿人民法院

　　　　　　　　　　　　　　　　答辩人：×××

　　　　　　　　　　　　　　　　×××× 年 ×× 月 ×× 日

附：本答辩状副本＿＿份

（二）文书内容

1. 首部

（1）标题。居中写明："民事答辩状"。

（2）答辩人的基本情况。写明答辩人的姓名、性别、出生年月日、民族、职业、工作单位和职务、住址等。如答辩人系无诉讼行为能力人，应在其项后写明法定代理人的姓名、性别、出生年月日、民族、职业、工作单位和职务、住址，及其与答

辩人的关系。答辩人是法人或其他组织的,应写明其名称和所在地址、法定代表人(或主要负责人)的姓名和职务。如答辩人委托律师代理诉讼,应在其项后写明代理律师的姓名及代理律师所在的律师事务所名称。

(3)答辩案由,写明答辩人因××案进行答辩。

2. 正文

(1)答辩的理由

应针对原告或上诉人的诉讼请求及其所依据的事实与理由进行反驳与辩解。被上诉人的答辩主要从实体方面针对上诉人的事实、理由、证据和请求事项进行答辩,全部否定或部分否定其所依据的事实和证据,从而否定其理由和诉讼请;一审被告的答辩还可以从程序方面进行答辩,例如提出原告不是正当的原告,或原告起诉的案件不属于受诉法院管辖,或原告起诉不符合法定的起诉条件,说明原告无权起诉或起诉不合法,从而否定案件。无论一审被告,还是二审被上诉人提出答辩理由,要实事求是,要有证据。

(2)答辩请求

答辩请求,是答辩人在阐明答辩理由的基础上针对原告的诉讼请求向人民法院提出的请求。应根据有关法律规定,请求人民法院保护答辩人的合法权益。一审民事答辩状中的答辩请求主要有:①要求人民法院驳回起诉,不予受理;②要求人民法院否定原告请求事项的全部或一部分;③提出新的主张和要求,如追加第三人;④提出反诉请求。如果民事答辩状中的请求事项为两项以上,在写请求事项时应逐项写明。对上诉状的答辩状的请求应为支持原判决或原裁定反驳上诉人的要求。

(3)证据

答辩中有关举证事项,应写明证据的名称、件数、来源或证据线索。有证人的,应写明证人的姓名、住址。

3. 尾部

(1)致送人民法院的名称;

(2)答辩人签名,答辩人是法人或其他组织的。应写明全称,加盖单位公章;

(3)答辩时间。

4. 附项

(1)本答辩状副本份数.答辩状副本份数应按原告的人数提交;

(2)其他有关证据及证明材料。

三、民事反诉状

（一）样式

民事反诉状

反诉人（本诉被告）：_____

被反诉人（本诉原告）：_____

反诉请求：

1. _____

2. _____

3. _____

事实和理由：

_____

_____

_____

_____

　　　此致

_____人民法院

反诉人：
年　　月　　日

附：

1. 本反诉状副本_____份；

2. 证据和证据来源，证人姓名和住所

内容：民事反诉状的格式和写作内容与民事起诉状相同。

（二）注意事项

1. 民事反诉状中反诉的提出必须符合法律规定的条件，否则反诉不能成立。

2. 民事反诉状中提出的反诉请求必须与原告人的本诉具有关联性，即应基于同一事实和同一争议内容。与此同时，应以证据证明反诉请求的合理性、合法性，以对抗本诉中的诉讼请求。

3. 由于反诉是针对本诉原告人提出，目的在于强调原告人应当承担的民事责任，所以在反诉状中应当注重驳斥原告人诉讼请求的证据的运用，以求得人民法院的支持和司法的公正。

四、民事判决书(一审民事案件用)

(一)样式

××××人民法院

民事判决书

(一审民事案件用)

〔××××〕×民初字第×××号

原告:……(写明姓名或名称等基本情况)。

法定代表人(或代表人):……(写明姓名和职务)。

法定代理人(或指定代理人):……(写明姓名等基本情况)。

委托代理人:……(写明姓名等基本情况)。

被告:……(写明姓名或名称等基本情况)。

法定代表人(或代表人):……(写明姓名或职务)。

法定代理人(或指定代理人):……(写明姓名等基本情况)。

委托代理人:……(写明姓名等基本情况)。

第三人:……(写明姓名或名称等基本情况)。

法定代表人(或代表人):……(写明姓名和职务)。

法定代理人(或指定代理人):……(写明姓名等基本情况)。

委托代理人:……(写明姓名等基本情况)。

……(写明当事人的姓名或名称和案由)一案,本院受理后,依法组成合议庭(或依法由审判员×××独任审判),公开(或不公开)开庭进行了审理。……(写明本案当事人及其诉讼代理人等)到庭参加诉讼。本案现已审理终结。

原告×××诉称,……(概述原告提出的具体诉讼请求和所根据的事实与理由)。

被告×××辩称,……(概述被告答辩的主要内容)。

第三人×××述称,……(概述第三人的主要意见)。

经审理查明,……(写明法院认定的事实和证据)。

本院认为,……(写明判决的理由)。依照……(写明判决依据的法律条款项)的规定,判决如下:

……(写明判决结果)。

……(写明诉讼费用的负担)。

如不服本判决,可在判决书送达之日起十五日内,向本院递交上诉状,并按对方当事人的人数提出副本,上诉于×××人民法院。

审判长×××

审判员×××

审判员×××

×××年×××月×××日

（院印）

本件与原本核对无异

书记员×××

（二）样式说明

第一，本判决书样式供第一审法院对受理的民事、经济纠纷案件，经按法定程序审理终结后，根据已经查明的事实、证据和有关的法律规定，就案件的实体问题作出处理决定时的使用。

第二，本判决书样式由首部、事实、理由、判决结果和尾部等五部分组成。制作判决书时，应当注意以下事项：

1. 首部

首部应依次写明标题、案号、诉讼参加人及其基本情况，以及案件由来、审判组织和开庭审理过程等，以体现审判别程序的合法性。

（1）标题中的法院名称，一般应与院印的文字一致，但基层法院应冠以省、市、自治区的名称。法院名称的字体比正文大一号。文书种类应写在法院名称的下一行，字体比正文大两号字。二者均应写在各行的正中。

（2）案号由年度和制作法院、案件性质、审判程序的代字以及案件的顺序号组成，年度应用阿拉伯数字。例如北京市海淀区人民法院1991年受理的第五号民事案件，应写为："〔1991〕海民初字第5号。"

（3）被告提出反诉的案件，可在本诉称谓后用括号注明其反诉称谓。如："原告（反诉被告）"、"被告（反诉原告）"。

（4）当事人是自然人的，写明其姓名、性别、出生年月日、民族、籍贯、职业或工作单位和职务、住址。住址应写明其住所所在地；住所地与经常居住地不一致的，写经常居住地。当事人是法人的，写明法人名称和所在地址，并另起一行写明法定代表人及其姓名和职务。当事人是不具备法人条件的组织或起字号的个人合伙的，写明其名称或字号和所在地址，并另起一行写明代表人及其姓名、性别和职务。当事人是个体工商户的，写明业主的姓名、性别、出生年月日、民族、籍贯、住址；起有字号的，在其姓名之后用括号注明"系……（字号）业主。"

（5）有法定代理人或指定代理人的，应列项写明其姓名、性别、职业或工作单位和职务、住址，并在姓名后括注其与当事人的关系。

（6）有委托代理人的，应列项写明其姓名、性别、职业或工作单位和职务、住

67

址。如果委托代理人系当事人的近亲属,还应在姓名后括注其与当事人的关系。如果委托代理人系律师,只写明其姓名、工作单位和职务。

当事人及其诉讼代理人均出庭参加诉讼的,可按样式书写。当事人本人未出庭而由代理人出庭的应写:"×告×××的××代理人×××"。当事人经合法传唤未到庭的,应写明:"×告×××经本院合法传唤无正当理由拒不到庭"。当事人未经法庭许可中途退庭的,应写明:"×告×××未经法庭许可中途退庭"。

2. 事实

事实部分应写明当事人的诉讼请求、争议的事实和理由,法院认定的事实及证据。

(1)当事人的诉讼请求以及争议的事实和理由,主要是通过原告、被告和第三人的陈述来表述的。民事判决书的事实部分所以要写明这些内容,一是为了体现尊重当事人的诉讼权利,二是为了集中反映当事人的真实意思表示,明确纠纷的焦点,做到与以后各部分的叙事、说理和判决结果紧密联系,前后照应。对于这些内容的叙述,文句要简练,内容要概括,切忌冗长和不必要的重复。如果当事人在诉讼过程中有增加或者变更诉讼请求,或者提出反诉的,应当一并写明。

(2)法院认定的事实主要包括:

①当事人之间的法律关系,发生法律关系的时间、地点及法律关系的内容。产生纠纷的原因、经过、情节和后果。法院认定的事实,必须是经过法庭审理查对属实的事实。叙述的方法一般应按照时间顺序,客观地、全面地、真实地反映案情,同时要抓住重点,详述主要情节和因果关系。

②认定事实的证据要有分析地进行列举,既可以在叙述纠纷过程中一并分析列举,也可以单独分段分析列举。叙述事实和列举证据时都要注意保守国家机密,保护当事人的声誉,隐私情节不作描述。

3. 理由

理由部分应写明判决的理由和判决所依据的法律。

判决的理由,要根据认定的事实和有关法律、法规和政策,来阐明法院对纠纷的性质、当事人的责任以及如何解决纠纷的看法。说理要有针对性,要根据不同案件的具体情况,针对当事人的争执和诉讼请求,摆事实,讲法律,讲道理,分清是非责任。诉讼请求合法有理的予以支持,不合法无理的不予支持。对违法的民事行为应当严肃指明,必要明给予适当批驳,做到以理服人。

判决所依据的法律、法规,在引用时应当准确、全面、具体。

4. 判决结果

判决结果,是对案件实体问题作出的处理决定。判决结果要明确、具体、完整。根据确认之诉、变更之诉或给付之诉的不同情况,正确地加以表述。例如,给付之诉,要写明标的物的名称、数量或数额、给付时间以及给付方式。给付的财物,品种较多的可以概写,详情另附清单。需要驳回当事人其他之诉的,可列为最后一项书写。

5. 尾部

尾部应写明诉讼费用的负担,当事人上诉权利、上诉期间和上诉法院名称以及合议庭成员署名和判决日期等。

(1)诉讼费用的负担问题。诉讼费用是由法院根据《人民法院诉讼收费办法》第四章诉讼费用负担的有关规定来决定的,不属于诉讼争议的问题,因此不应列为判决结果的一项内容,应在判决结果后另起一行写明。

(2)上诉人提交上诉状副本的份数,应根据具体案件的对方当事人的人数来确定。

(3)判决书尾部的署名问题。组成合议庭的,由合议庭成员审判长和审判员共同署名;独任审判的,由独任审判员署名。助理审判员参加合议庭或独任审判别的,署代理审判员。人民陪审员参加合议庭的,署人民陪审员。院长、庭长参加合议审判的案件,由院、庭长担任审判长。

(4)"本件与原本核对无异"字样的印戳,应加盖在年月日与书记员署名之间空间的左边。

五、民事判决书(二审维持原判或者改判用)

(一)样式

××××人民法院民事判决书

(二审维持原判或者改判用)

〔××××〕×民终字第××号

上诉人(原审×告):……(写明姓名或名称等基本情况)。

被上诉人(原审×告):……(写明姓名或名称等基本情况)。

第三人:……(写明姓名或名称等基本情况)。

(当事人及其他诉讼参加人的列项和基本情况的写法,除双方当事人的称谓外,与一审民事判决书样式相同。)

上诉人×××因……(写明案由)一案,不服××××人民法院〔××××〕×民初字第××号民事判决,向本院提起上诉。本院依法组成合议庭,公开(或不公开)开庭审理了本案。……(写明当事人及其诉讼代理人等)到庭参加诉讼。

本案现已审理终结。（未开庭的,写:"本院依法组成合议庭审理了本案,现已审理终结。"）

……（概括写明原审认定的事实和判决结果,简述上诉人提起上诉的请求和主要理由,被上诉人的主要答辩,以及第三人的意见。）

经审理查明,……（写明二审认定的事实和证据）。

本院认为,……（根据二审查明的事实,针对上诉请求和理由,就原审判决认定事实和适用法律是否正确,上诉理由能否成立,上诉请求是否应予支持,以及被上诉人的答辩是否有理等,进行有分析的评论,阐明维持原判或者改判的理由）。依照……（写明判决所依据的法律条款项）的规定,判决如下:

……

【写明判决结果。分四种情况:

第一,维持原判的,写:

"驳回上诉,维持原判。"

第二,全部改判的,写:

"一、撤销×××× 人民法院〔××××〕×民初字第××号民事判决;

二、……（写明改判的内容,内容多的可分项书写）。

第三,部分改判的,写:

"一、维持××××人民法院〔××××〕×民初字第××号民事判决的第×项,即……（写明维持的具体内容）

二、撤销××××人民法院〔××××〕×民初字第××号民事判决的第×项,即……（写明撤销的具体内容）

三、……（写明部分改判的内容,内容多的可分项书写）。"

第四,维持原判,又有加判内容的,写:

"一、维持××××人民法院〔××××〕×民初字第××号民事判决

二、……（写明加判的内容）。"

……（写明诉讼费用的负担）。】

本判决为终审判决

审判长　×××

审判员　×××

审判员　×××

××××年××月××日

（院印）

本件与原本核对无异

书记员　×××

（二）说明

1. 本判决书样式供二审人民法院对当事人不服一审判决提起上诉的民事、经济纠纷案件，依照第二审程序审理终结，依法作出实体处理决定时使用。

2. 制作第二审民事判决书时，应注意以下几个问题：

（1）上诉案件当事人的称谓，应写"上诉人"、"被上诉人"，并用括号注明其在原审的诉讼地位。原审有第三人的，除提出上诉的，可并列为"上诉人"。必要的共同诉讼人中的一人或者部分人提上诉的，按下列情况处理：

①该上诉是对对方当事人之间权利义务分担有意见，不涉及其他共同诉讼人利益的，对方当事人为被上诉人，未上诉的同一方当事人依原审诉地位列明；

②该上诉仅对共同诉讼人之间权利义务分担有意见，不涉及对方当事人利益的，未上诉的同一方当事人为被上诉人，对方当事人依原审诉讼地位列明；

③该上诉对双方当事人之间以及共同诉讼人之间权利义务承担均有意见的，未提出上诉的其他当事人均为被上诉人。无民事行为能力人或限制民事行为能力人的法定代理人或指定代理人，代为当事人提起上诉的，仍应将无民事行为能力或限制民事行为能力人列为"上诉人"。上诉案件当事人有诉讼代理人的，应分别在该当事人项下另起一行列项书写。

（2）判决书的事实，是二审作出实体处理，即维持原判或者改判的根据。因此，书写明要体现出上诉审的特点，主要是针对上诉人提出的问题进行重点叙述，并运用相应的证据材料进行分析甄别。要交代清楚有关民事法律关系的诸要素，注意详略得当。一般可分为四种情况：一是原判决认定的事实清楚，上诉人又无异议的，可以简叙；二是原判决认定的主要事实或者部分事实有错误的，对改变认定的事实要详叙，并运用证据，指出原判认定事实的不当之处；三是原判决认定的事实有遗漏的，则应补充叙述；四是原判决认定的事实没有错误，但上诉人提出异议的，应把异议的部分叙述清楚，并应有针对性地列举相关的证据进行分析，论证异议不能成立。

（3）判决书的理由，一定要有针对性和说服力，防止照抄原判理由，或者公式化的几句套话。要围绕原审判决是否正确，上诉是否有理进行评论。原判正确，上诉无理的，要指出上诉理由的不当之处；原判不当，上诉有理的，应阐明原判决错在哪里，上诉请求和理由符合什么法律、政策的规定，改判的理由是什么；原判决部分正确，或者上诉部分有理的，则要具体阐明原判决和上诉意见分别对在哪里，错在哪里，应当怎样正确判处，等等。理由部分的内容较多的，可以分层次分问题进行论证。适用法律条款项要准确、完整、具体，驳回上诉、维持原则的，只需引用《中华人民共和国民事诉讼法》第一百五十三条第一款第一项；全部改判或者部分改判的,除首先引用民事诉讼法的有关条款项外,还应引用改判所依据的实体法的有关条款项。

(4)二审的判决结果应对当事人争议的实体问题作出终审结论。其特点:一是要对原审判决作出明确表示,写明维持原则或者撤销原判,或者维持哪几项、撤销哪几项;二是对改判或加判的内容,要区别确认之诉、变更之诉、给付之诉等不同情况,作出明确、具体的处理决定,但不必冠以"改判"、"加判"的字样。如果原判在认定事实上和适用法律上均无错误,二审根据该案具体情况,只对原判某一项确定的具体数额有所变动的,可不采取先撤销再改判的写法,而直接写:"变更××××人民法院〔××××〕×民初字第××号民事判决第×项的……为……"即可。

3. 制作本判决书时,注意参考一审民事判决书样式的有关说明。

六、民事调解书

(一)样式

××××人民法院
民事调解书
(一审民事案件用)

〔××××〕×民初字第××号

原告:……(写明姓名或名称等基本情况)。

被告:……(写明姓名或名称等基本情况)。

第三人:……(写明姓名或名称等基本情况)。

(当事人及其他诉讼参加人的列项和基本情况的写法,与一审民事判决书样式相同。)

案由:

……(写明当事人的诉讼请求和案件的事实)。

本案在审理过程中,经本院主持调解,双方当事人自愿达成如下协议:

……(写明协议的内容)。

……(写明诉讼费用的负担)。

上述协议,符合有关法律规定,本院予以确认。

本调解书经双方当事人签收后,即具有法律效力。

审判长:×××

审判员:×××

审判员:×××

××××年××月××日

（院印）

本件与原本核对无异

书记员×××

（二）说明

1. 本调解书样式供一审法院在审理民事、经济纠纷案件的过程中，通过调解促使当事人自愿达成解决纠纷协议后，制作具有法律效力的调解书时使用。

2. 协议内容，是指当事人自愿达成解决争讼的协议条款。书写时应注意明确、具体，便于履行。诉讼费用的负担，由法院决定的，应在协议内容之后另起一行写明；如果根据《人民法院诉讼收费办法》第二十一条的规定，诉讼费用的负担是由双方当事人协商解决的，可以作为和解协议的最后一项内容予以写明，不须再在协议内容之后另起一行书写。

3. 达成调解协议的案件，如果涉及民事行为无效或者合同无效的问题，不应在调解书中确认，应当另行裁定确认民事行为无效或者合同无效。

4. 当事人不要求制作调解书的调解协议及其要求，应当记入笔录，由双方当事人和审判人员、书记员分别阅后签名或盖章后，即具有法律效力。

七、民事上诉状

（一）样式

1. 样式一

民事上诉状

（公民提出上诉用）

上诉人：

被上诉人：

上诉人因一案，不服人民法院年×月×日（××）字第×号，现提出上诉。

上诉请求：

上诉理由：

　　此致

××××人民法院

上诉人：

年　月　日

附：本上诉状副本　份。

2. 样式二

<h1 style="text-align:center">民事上诉状</h1>

(法人或其他组织提起上诉用)

上诉人名称:

所在地址:

法定代表人(或主要负责人)姓名:　　　职务:

电话:

企业性质:　　　工商登记核准号:

经营范围和方式:

开户银行:　　　账号:

被上诉人名称:

所在地址:

法定代表人(或代表人)姓名:　　　职务:

电话:

上诉人因一案,不服人民法院××年××月××日××(××)字第号,现提出上诉。

上诉请求:

上诉理由:

　　　此致
××××人民法院

　　　　　　　　　　　　　　　　　　上诉人:
　　　　　　　　　　　　　　　　　　　年　月　日

附:本诉状副本　份。

(二)说明

1. 首部

(1)注明文书名称;

(2)上诉人和被上诉人的基本情况;

(3)案由:写明上诉人提出上诉的判决,裁定的案件名称、制作法院、制作时间及判决、裁定的编号,并表明上诉的态度。

2. 正文

(1)上诉请求;

(2)上诉理由。

3. 尾部

(1)致送人民法院名称；

(2)附项；

(3)上诉人签名；

(4)上诉日期。

八、民事裁定书

照审判程序不同,民事裁定书可分为一审、二审、再审民事裁定书,其内容大体与民事判决书相同。但由于判决书是解决案件的实体问题,裁定书是就诉讼活动中的某一环节而做出的决定,因而在写法上则比判决书更为简要、概括。再次主要介绍一审民事裁定书部分文种的写法。

(一)样式(以"按撤诉处理用"为例)

××××人民法院

民事裁定书

(按撤诉处理用)

〔××××〕民初字第××号

原告……(写明姓名或名称等基本情况)

被告……(写明姓名或名称等基本情况)

(当事人和其他诉讼参加人的列项和基本情况写法,与一审民事判决书样式相同。)

本院在审理……(写明当事人的姓名或名称和案由)一案中,因……(写明原告不预交诉讼费;或者经传票传唤,无正当理由拒不到庭;或者到庭后未经法庭许可而中途退庭等情况)。依照……(写明裁定所依据的法律条款项)的规定,裁定如下:

本案按撤诉处理。

案件受理费×××元,由原告×××承担。

审判长:×××

审判员:×××

审判员:×××

×××年×月××日

(院印)

本件与原本核对无异

书记员:×××

（二）说明

1．首部

（1）标题

标题分两行写明法院名称和文书种类。

（2）编号

在标题的右下方，注明："〔××年度〕×民×字第×号。"

（3）当事人身份概况

写法与一、二、再审民事判决书相同，可参照。

2．正文

由案由、事实、理由和裁定结果四项内容组成。

根据《法院诉讼文书样式》的规定，对于不同内容的一审裁定，格式写法有所不同，下面介绍几种常用的裁定写作格式。

（1）不予受理起诉民事裁定书写为：

"××××年×月×日，本院收到×××起诉状（或口头起诉），……（写明起诉理由）

经审查，本院认为，……（写明不符合起诉条件而不予受理的理由）。依照《中华人民共和国民事诉讼法》第一百十二条的规定，裁定如下：

对×××的起诉，本院不予受理。"

（2）管辖权异议民事裁定书写为：

"本院受理……（写明当事人姓名或名称和案由）一案后，被告×××在提交答辩状期间对管辖权提出异议，认为……（写明异议的内容与理由）。

经审查，本院认为，……（写明异议成立或不成立的根据与理由）依照《中华人民共和国民事诉讼法》第××条的规定，裁定如下：

被告×××对管辖权提出的异议成立，本案移送××××人民法院处理（若异议不成立的则写：驳回被告×××对本案管辖权提出的异议）。"

（3）诉讼财产保全民事裁定书写为：

"本院在审理……（写明当事人名称或姓名和案由）一案中，×告×××于×××年×月×日向本院提出财产保全申请，要求……（写明请求具体内容）并已提供担保（未提供担保的不写此句）。（法院依职要采取保全的，不写×告×××……一段，接写需要采取财产保全的事实依据。）

本院认为，×告×××的申请符合法律规定（法院依职权保全的，则写本院为了……（写明需采取财产保全面的理由））。依照……（写明采取财产保全的具体内容）"

（4）准许或不准许撤拆民事裁定书写为：

"本院在审理……（当事人姓名或名称和案由）一案中，原告×××于×××
×年×月×日向本院提出撤拆申请。

本院认为，……（准许或不准许撤诉的理由）。依照……（裁定所依据的法律
条款）的规定，裁定如下：

准许原告×××撤回起诉（或不准许原告×××撤回起诉，本案继续
审理。）"

（5）中止或终结诉讼民事裁定书写为：

"本院在审理……（当事人姓名或名称和案由）一案中，……（中止或终结诉
讼的事实根据）依照……（裁定所依据的法律条款）的规定，裁定如下：

本案中止诉讼（或本案终结诉讼）。"

3. 尾部

（1）交代有关事项

根据《民事诉讼法》第九十九条规定："当事人对财产保全或者先予执行的裁
定不服的，可以申请复议一次。复议期间不停止裁定的执行。"因此，对上述裁
定，在尾部应写明："本裁定书送达后，可以向本院申请复议一次，复议期间不停
止裁定的执行。"

根据《民事诉讼法》第一百四十七条规定："当事人不服地方各级人民法院第
一审判决或裁定的，有权向上一级人民法院提起上诉。"因此，对于不予受理或裁
定、管辖权提出异议的裁定，和驳回起诉的裁定，在尾部应写明："如不服本裁定，
可在裁定书送达之日 10 日内，向本院递交上诉状，上诉于××人民法院。"

不予执行仲裁裁决的裁定和不予执行公证债权文书的裁定，依照民事诉讼
法的规定，由于实行的是一审终审制，故上述裁定书的尾部应写明："本裁定为终
审裁定。"

准许或不准撤诉、中止或终结诉讼、补正裁判文书笔误的裁定，不存在有关
事项的交代，故"准话撤诉"的或"终结诉讼"的只需写明诉讼费用的负担即可。

（2）署名、日期与用印

审判庭人员署名、书记员署名、日期、用印等与民事判决书相同，可参照。

第四章　行政诉讼模拟演练

实验内容和要求

（一）实验内容

演练开庭、法庭调查、法庭辩论、当事人陈述最后意见和评议宣判阶段。

（二）实验目的与要求

通过让参与的同学以扮演审判人员、书记员、原告、被告、诉讼代理人和其他相关参与人员对角色的扮演，熟悉在实验内容中的庭审主要阶段的程序。

（三）实验的重点与难点

法庭调查环节的熟悉与运用、证据的展示与质证。

第一节　行政诉讼一审程序模拟演练

一、预备庭操作规范

根据案件的实际需要，法庭可以在开庭前召开预备庭。案情简单不需要召开预备庭的，法庭组织当事人交换证据或者以送达的方式进行证据交换。

预备庭由审判长或者审判长指定的法官、法官助理主持。决定召开预备庭的，应当于开庭前三日通知当事人及其他诉讼参与人。

为了避免诉累和减轻当事人差旅费用负担，预备庭和正式开庭可以连接进行。

预备庭庭审程序和操作规范如下：

（一）庭前准备工作

1. 书记员检查诉讼参加人出席的情况，核对其身份。

2. 书记员确认证人、鉴定人、勘验人、检查人、专家出庭情况和核对其身份，并请其退席，等候传唤。

3. 主持人入席后，经确认诉讼参加人身份无异后，宣布开庭。

（二）组织当事人陈述

主持人宣布：首先由当事人陈述。

主持人宣布：请原告宣读起诉状或者简要陈述诉讼请求及所依据的事实和理由。在原告宣读起诉状之前，主持人可以要求其先宣读或说明本案被诉具体行政行为的主要内容，也可以由法庭宣读或说明。

主持人宣布：请被告宣读答辩状或者简要陈述诉讼主张及所依据的事实和理由。本案被诉具体行政行为还未宣读或说明的，主持人可以要求被告先宣读和说明，然后再答辩。

主持人宣布：请第三人宣读答辩状或者简要陈述诉讼主张及所依据的事实和理由。

当事人陈述的内容如果超出诉状范围的，主持人可提示当事人另作补充陈述。当事人未提交诉状或者逾期提交诉状的，主持人应予以说明。

实践中，主持人认为组织当事人宣读诉状确无实际必要的，可以省略"宣读诉状"这一节。

在当事人宣读诉状的基础上，主持人根据案件的需要可以组织当事人进行补充陈述，并宣布：现在，由当事人作补充陈述。即指示原告、被告、第三人依次作补充陈述。

主持人应引导当事人针对对方当事人的陈述，补充陈述相应的事实和理由。陈述的内容应避免重复。

在当事人主动陈述的基础上，主持人根据案件的需要可以有针对性地向当事人发问，以理清案情、明确无争议的事实和讼争焦点。主持人宣布：法庭现就案件的事实问题，向当事人发问。

对法庭的发问，当事人应如实进行答问陈述；同时，针对当事人的答问陈述，主持人应当征询对方当事人的质证意见。

（三）组织证据交换

主持人宣布：现在进行证据交换。

交换证据的范围主要是书证、物证、视听资料、证人书面证言、鉴定结论、勘验笔录和检查笔录等。当事人应当提供原物、原件、原始载体；不能提供原物、原件、原始载体的，应当说明理由，并提交复印件、抄录件、照片等复制品。当事人也可以主张在正式开庭时提供原件、原物和原始载体。

有证人、鉴定人、勘验人、检查人和专家等出庭作证的，举证当事人应提供其名单、基本情况以及说明其证明的对象，并在规定的期限内提出传唤申请。是否需要传唤证人、鉴定人、勘验人、检查人和专家等在预备庭中出庭作证，由合议庭决定。证人、鉴定人、勘验人、检查人和专家在预备庭中出庭作证的，视为出庭作证。

在进行证据交换时,主持人指示当事人逐一出示和说明,由对方当事人辨认、核对,并作出是否认可的意见表示。对无异议的证据材料和有异议的证据材料,指示书记员按证明对象的分类记录在卷。预备庭不组织当事人进行质证辩论。

(四)归纳小结

1. 主持人宣布:本案的诉讼请求是:……。

在确认之前,主持人可以与原告进行必要的沟通。确认后,主持人可进一步说明:除有法定理由外,原告在诉讼中申请变更诉讼请求的,人民法院不予支持。

原告提出的诉讼请求,原则上应当与行政诉讼法规定的判决方式相对应。

2. 主持人宣布:当事人没有争议的事实有:……。

在确认之前,主持人应经征询当事人的意见。确认后,主持人可进一步说明:以上当事人没有争议的事实是否可以直接予以认定,由法庭审查决定。

在归纳当事人没有争议的事实时,应当与法庭有针对性的发问结合起来,尽可能扩大当事人无争议的范围,缩小争议的范围。

3. 主持人宣布:本案诉讼争议的焦点有:……。

在确认之前,主持人应经征询当事人的意见。确认后,主持人可进一步说明:法庭调查的范围,合议庭将根据当事人争议的焦点并结合案件的实际情况予以确定。

4. 主持人宣布:当事人提供的证据的情况如下……。

除"当事人陈述"外,可以将各方当事人提供的证据材料编列序号,根据证据交换的情况逐一注明有无异议的意见,经当事人确认无异后予以确定。

(五)自行协商解决争议和径行协调

在双方当事人自愿的条件下,主持人可以组织双方当事人自行协商解决行政争议。主持人也可以径行组织协调。如果当事人达成和解或者协调协议的,原告申请撤诉的,提交合议庭审查决定。

行政赔偿诉讼在行政侵权行为被确认之后,主持人可径行组织调解。

(六)其他事项

其他事项需要预备庭作出处理的,依法作出处理。

(七)宣布闭庭

预备庭的议程进行完毕后,主持人宣布:闭庭。

书记员应当告知当事人审阅笔录并签字。

二、开庭准备和开庭宣布

（一）庭前准备工作

书记员应先期到达法庭，做好以下开庭前准备工作：

1. 宣布：请诉讼参加人入庭就座。检查诉讼参加人出庭情况。如有一方诉讼参加人未到庭的，应立即报告审判长处理。

2. 宣布：请诉讼参加人出示身份证件。到案前核对诉讼参加人的身份。如确认有证人、鉴定人、勘验人、检查人、专家出庭的，还应核对其身份后请其退席，等候传唤。

3. 核实《当事人诉讼权利义务告知书》、《举证通知书》、《告知审判庭组成人员通知书》和开庭《传票》及《通知书》以及诉状等诉讼材料的收悉情况。

4. 公开开庭的，应当检查参加旁听的人员是否适合，是否有现场采访的记者。

如发现有未成年人（经批准的除外）、精神病人和醉酒的人以及其他不宜旁听的人旁听开庭的，应当请其退出法庭。

如发现有记者到庭采访，应当确认其是否办理审批手续。如未经批准，不得录音、录像或者摄影；但应当允许记者作为旁听人员参加旁听和记录。

（二）宣布法庭规则和法庭纪律

书记员宣布：现在宣布法庭规则和法庭纪律。法庭规则和法庭纪律的具体内容以《法庭规则》的有关规定为准。另外可以特别提示：全体人员应当关闭手机和传呼机的铃响。

（三）法官入庭和报告庭审前准备情况

书记员宣布：全体起立！然后引领审判长、审判员（人民陪审员）入庭。

待法官坐定后，书记员宣布：请坐下。

如果法官在书记员在做准备工作或宣布法庭纪律时进入法庭的，书记员应中止手头工作，主持法官入庭仪式后，再恢复手头的工作。

准备工作就绪后，书记员向审判长报告庭审前准备工作情况：

（1）出庭的诉讼参加人有：……

（2）出庭的其他诉讼参与人有：……

（3）经批准到庭旁听采访的新闻单位及记者有：……

最后，书记员报告：法庭准备工作就绪，请审判长主持开庭。

（四）核对确认诉讼参加人的身份

在书记员已核对诉讼参加人身份的基础上，审判长简单核对即可。

经征询各方当事人：对对方出庭人员的身份是否有异议。经各方当事人确认无异后,即宣布:经法庭当庭核对确认,出庭的诉讼参加人符合法律规定,准予参加本案的庭审活动。

（五）宣布开庭

审判长先敲击法槌,然后庄严宣布:……人民法院现在开庭!

开庭宣布也可以在核对确认诉讼参加人的身份之前,或者在宣布法庭调查之前。

（六）宣告案名、案件由来、审理程序和方式

宣告案名:本庭现审理的是:原告×××诉(与)被告××××及第三人×××……(案由)一案。

宣告案件由来:原告×××因不服被告……(时间和被诉具体行政行为),于……(时间)向本院提起诉讼;本院于……(受理时间)决定受理本案。如有追加当事人、延长审限、召开预审庭等情形的,应一并予以说明。本案系再审案件、合并审理案件的,还应当说明。

宣告审理的方式和程序:依照《中华人民共和国行政诉讼法》的规定,本庭依照第一审程序,公开开庭审理本案。如不公开开庭审理的,应当说明理由。

（七）介绍审判人员

审判长宣告:本院受理本案后,依法组成合议庭。然后具体介绍合议庭组成人员和书记员,并说明其基本职务情况。如果合议庭组成人员和书记员临时变更的,应当予以说明,并征求当事人意见。当事人要求延期审理的,法庭应当准许。当事人确认无异议的,庭审活动得以继续进行。

（八）告知诉讼权利义务,并征询申请回避意见

在开庭前已经将《当事人的权利义务告知书》送达各方当事人的基础上,审判长逐一询问各方当事人:是否知悉自己在诉讼中的权利和义务。

在当事人确认知悉诉讼权利义务后,审判长逐一询问各方当事人:是否申请合议庭成员和书记员回避? 如果当事人提出回避申请,应当要求其说明理由。当事人提出回避的理由属于法定的回避事由的,法庭不必审查该理由是否成立即宣布休庭。当事人确认不提出回避申请的,庭审活动得以继续进行。

（九）宣告庭审的阶段

审判长宣布:庭审活动分为:法庭调查、法庭辩论、当事人最后陈述和休庭评议后进行宣判。如果系行政赔偿案件,应当在当事人最后陈述后进行法庭调解,调解不成的,法庭再休庭评议和宣判。

审判长还可以强调:各方当事人应当正确行使诉讼权利,切实履行诉讼义务,遵守法庭规则,服从法庭指挥,确保庭审活动的顺利进行。

庭审活动一般由审判长主持。根据庭审的需要,审判长也可以委托其他合

议庭法官主持部分庭审活动。但应向诉讼参加人说明。

（十）诉讼指导

在庭审过程中，当事人可以要求法庭对诉讼权利义务、诉讼风险和举证责任的具体内容予以释明。法庭也可以对诉讼能力比较低的当事人给予适当诉讼指导，以确保审判的公正和公平。

三、法庭调查

（一）宣布法庭调查

主持人宣布：现在进行法庭调查。

法庭可对法庭调查顺序予以说明：法庭调查一般按当事人陈述、归纳小结、当事人当庭举证、当庭质证、法庭认证的顺序进行。

（二）当事人陈述

组织当事人陈述的程序参照预备庭中的"当事人陈述"的程序进行。

实践中，如果已召开预备庭，并已组织当事人陈述的，法庭认为再行组织当事人陈述已无实际必要的，经作必要的说明后可以省略或者简略进行。

（三）归纳小结

庭审归纳小结的程序参照预备庭中的"归纳小结"的程序进行。

1. 主持人归纳诉讼请求：本案的诉讼请求是：……。

2. 主持人归纳当事人没有争议的事实：当事人没有争议的事实有：……。

如果当事人没有争议的事实能够直接认定的或者部分能够直接认定的，经说明后即当庭宣布：以上事实，各方当事人陈述一致或均予认可，足以认定。并宣告：以上经法庭认定的事实，无须当事人举证、质证。

实践中，如果当事人对案件事实没有或者基本没有争议，且根据当事人陈述即可直接认定全案事实的，经合议庭评议确认后，即可宣布法庭调查结束。

3. 主持人归纳诉讼争议的焦点：本案诉讼争议的焦点有：……。

4. 主持人归纳证据交换或者举证的情况：当事人提供的证据的情况如下……。

5. 在庭审归纳小结的基础上，经合议庭事先评议或者当庭评议确定法庭进一步调查的范围：法庭进一步调查的范围如下……。

法庭确定调查的范围时无须征询当事人的意见。法庭调查的范围不以当事人诉讼争议的内容为限；但两者不一致的，法庭应予以释明。

法庭调查的范围确定后，法庭还宣布：当事人当庭举证、质证应当围绕法庭确定的范围进行。

（四）当庭举证

法庭调查范围内的事项应当逐一、有序地展开调查。确定法庭调查的具体事项后,主持人宣布:现在,法庭调查……。请当事人当庭举证。然后指示当事人当庭出示证据和进行说明。由法庭调取的证据由法庭或者申请调取该证据的当事人出示和说明。

法庭应当引导举证当事人根据具体调查事项,有针对性地提供证据材料。具体包括:

1. 书证和物证,应出示原件、原物;不能出示原件原物的,可以出示复印件、复制品、者照片或者抄录件等,并说明证据的名称、种类、来源、内容以及证明对象等。

2. 视听资料,应出示原始载体并当庭播放;不能出示原始载体或者当庭播放有困难的,可以以其他方式播放或者提供抄录件等,并说明证据的名称、种类、来源、内容以及证明对象等。

3. 证人书面证言、鉴定结论、勘验笔录、检查笔录应当出示原件,说明证人、鉴定人、勘验人、检查人因故未出庭作证的理由,并说明证据的名称、种类、来源、内容以及证明对象等。

如证人、鉴定人、勘验人、检查人以及专家出庭作证的,另按出庭作证的程序举证、质证。

（五）当庭质证

举证完毕,主持人宣布:请当事人质证。

当庭质证一般以“一举一质”或“类举类质”的方式进行。

法庭应当引导当事人围绕证据的真实性、关联性、合法性,针对证据证明力有无以及证明力大小,进行辨认与辩驳。质证时,法庭应当引导质证当事人首先作出是否认可的意思表示。如不认可,应提出具体的理由,并组织当事人展开质辩。法庭不得把质辩作为法庭辩论的内容,制止当事人在质证中进行质辩。

质辩至少进行一个轮回。即在质证当事人提出反驳的基础上,主持人宣布:请……（举证当事人）辩解。举证当事人辩解后,宣布:请……（质证当事人）辩驳。法庭认为有必要,可以组织当事人进行多轮次的质辩。

在质证中,质证当事人提出相应的反证的,法庭应当当庭组织举证和质证。

（六）证人、鉴定人、勘验检查人以及专家出庭作证和当庭质证

1. 传唤。

在当庭举证的过程中,举证当事人申请传唤证人出庭作证的,应向法庭提出。经法庭审查准许后,主持人即宣布:传……到庭。

2. 保证。

证人出庭就座后,主持人宣布:请证人报告本人的基本情况,并说明与本案当事人的关系。在确认其知道作证的权利和义务以及作伪证应当承担的法律责任后,请证人当庭保证或者在保证书上签名。

3. 作证。

证人出庭作证陈述的一般顺序:

(1)根据法庭提示的调查事项,证人就其了解的事实作连贯性陈述;

(2)举证当事人发问,法庭指示证人答问;

(3)质证当事人发问,法庭指示证人答问。法庭根据需要也可以发问。当事人或者证人对发问有异议的,可以向法庭提出。异议是否成立,由合议庭评议确定。

4. 退庭。

证人回答发问结束后组织质证。主持人宣布:请证人退庭。可提示证人退庭后到休息室休息,休庭后还要审阅笔录和签名。如果需要再次出庭的再行传唤。

5. 质证。

针对证人证言,法庭组织当事人进行举证说明和当庭质证。主持人先宣布:请……(举证当事人)说明。举证当事人说明后,主持人宣布:请……(质证当事人)质证。法庭可以组织质辩。

鉴定人、勘验检查人、专家出庭作证的具体程序,参照证人出庭作证的程序执行(除出具保证外)。

(七)当庭认证

证据经当庭举证、质证后,合议庭当庭评议或者暂时休庭评议,对证据进行审查核实并做出认证结论。能够当庭宣布认证结论的,由审判长当庭宣布;不能当庭宣布的,在下次开庭时或者宣判时宣布。不能当庭认证的,应当向当事人作出说明。

认证结论的表述主要有以下两种方式:

1. 确认证据足予采信的,认证结论为:经合议庭评议确认,……(证据名称)内容真实,形式合法,可以作为认定……(案件事实)的根据。

完整的认证结论包括两部分内容:一是确认证据的有效性;二是有效证据可以证明的案件事实。如果法庭不能当庭做出完整的认证结论的,可以作出部分认证结论:(1)确认证据的真实性、合法性、关联性及其证明效力,至于该证据可以作为认定案件哪一具体事实的根据,可另行评议确认。(2)或者仅确认证据的真实性、或合法性、或关联性;至于该证据是否有证明效力,可另行评议确认。法庭当庭不能作出完整的认证结论的,应予以说明,避免当事人产生歧义。

2. 确认证据不予采信的,认证结论为:经合议庭评议确认,……(证据名称),因……(不予采信的理由),故不能作为本案认定事实的根据(不予采信)。

证据不予采信的理由包括:(1)证据缺乏真实性、或合法性、或关联性,以致没有证明效力,故不能作为本案认定事实的根据;(2)该证据虽然有证明效力,但与其他证据相冲突,经比较证明力大小而不予采信,故不能作为本案认定事实的根据。还有些证据不能简单地审查其"三性",而是因为其为"孤证",不能单独作为认定案件事实的根据。

(八)发问和答问

法庭根据案件审理的需要,可以给当事人相互发问的机会。

主持人宣布:当事人有问题需要向对方当事人发问的,经法庭许可,可以发问。经逐一征询各方当事人,如果当事人申请发问的,请发问。法庭审查确认后,指示被问当事人答问。

法庭根据案件审理的需要,也可以向当事人发问。

当事人对发问有异议的,可以向法庭提出。异议是否成立,由合议庭评议确定。

(九)其他事项的调查

法庭调查范围内的调查事项调查完毕后,可以征询当事人:是否还有其他事实需要调查或者有其他证据需要出示。

当事人申请调查其他事实,经法庭评议许可后,组织当事人当庭举证、质证。如果法庭经评议认为无调查必要的,可以驳回当事人的申请。

当事人申请出示其他证据的,应当说明理由和证明的对象。经法庭审查后决定是否进行质证和认证。如属于无须举证、质证范围内的证据,可以驳回当事人举证的申请。

(十)宣布法庭调查结束

经确认各方当事人没有新的证据提供和其他事实需要调查后,主持人宣布:法庭调查结束。

四、法庭辩论

(一)宣布法庭辩论

主持人宣布:现在进行法庭辩论。

主持人可以确定法庭辩论的范围:当事人应当围绕各自的诉讼请求或者诉讼主张,主要围绕法律的具体适用问题展开辩论。

当事人对证据和事实的认定产生的争议属于法庭调查的内容,一般不应作为法庭辩论的范围。

主持人可以强调法庭辩论规则:在法庭辩论中,辩论发言应当经法庭许可;注意用语文明,不得使用讽刺、侮辱的语言;语速要适中,以便法庭记录;发言的内容应当避免重复。在法庭辩论的过程中,如有违反规则的言行,法庭应予制止。

主持人说明法庭辩论阶段:法庭辩论分为对等辩论和互相辩论。

法庭认为不需要明确划分对等辩论和互相辩论阶段的,也可以灵活掌握。

(二)对等辩论

主持人宣布:首先由当事人进行对等辩论。随即指示原告、被告、第三人依次进行辩论发言。

辩论发言一般不宜重复诉状的内容。

一轮辩论结束,法庭可根据实际情况决定是否进行下一轮辩论;如进行下一轮辩论的,应强调发言的内容不宜重复。

法庭根据需要可限定每一轮次各方当事人辩论发言的时间。

(三)互相辩论

主持人宣布:现在进行互相辩论。

主持人应当告知:当事人要求辩论发言的,可以向法庭举手示意。经法庭许可,方能发言。

在互相辩论中,当事人未经许可而进行自由、无序的辩论发言或者辩论发言的内容重复的,法庭应予以制止。

(四)法庭调查阶段的回转

在辩论中发现有关案件事实需要进行调查,或者需要对有关证据进行审查的,应当宣布:中止法庭辩论,恢复法庭调查。

法庭调查结束后,宣布:恢复法庭辩论。庭审活动恢复到中止时的阶段。

(五)宣布法庭辩论结束

在确认各方当事人辩论意见陈述完毕后,主持人即可宣布:法庭辩论结束。

五、当事人最后陈述

主持人宣布:现在,由当事人陈述最后意见。随即指示原告、被告、第三人依次作最后陈述。

当事人最后陈述的内容,主要是归纳本方诉讼意见,以及就案件的具体处理,向法庭提出最后请求。最后陈述的内容应简明扼要,言简意赅。

在当事人作最后陈述时,法庭有必要给予当事人一次自由的发言机会,以切实保障当事人充分表达思想的权利;同时也可以满足当事人的心理需求,在一定程度上有利于提高审判的法律效果和社会效果。因此,合议庭成员应当认真、耐心听取当事人陈述。法庭一般情况下不宜打断或制止当事人发言。

六、法庭调解

(一)宣布法庭调解

主持人宣布:现在进行法庭调解。

法庭调解仅适用于行政赔偿案件。而且调解必须在被诉具体行政行为被判决或者其他方式确认违法的前提下进行(除了直接起诉事实行为和提起行政赔偿的外)。

法庭要把握时机,根据案件审理的实际情况,在法庭调查和法庭辩论中适时组织调解。在法庭辩论之后,当事人或者法定代理人出庭参加诉讼,或者委托的代理人有特别授权的,法庭应当组织调解。如果当事人或者法定代理人未出庭参加诉讼,而且委托的代理人也没有特别授权的,法庭不能当庭组织调解。庭后有调解必要和可能的,应当于休庭后组织调解。

(二)询问当事人调解的意愿

主持人征询各方当事人:是否愿意调解。各方当事人均表示愿意调解的,法庭即可组织调解;有一方当事人不同意调解的,主持人宣布:终结调解。随即宣布休庭。

由于刚经过法庭调查和法庭辩论,当事人情绪对立可能比较严重。法庭应注意调整庭审气氛,讲究工作方法,在做好思想工作的基础上,适时征询当事人调解意愿和开展调解工作。即使不能当庭调解,但确有再行调解的必要和可能的,应当在休庭后进一步做调解工作。

(三)组织调解

经确认各方当事人均有调解意愿的,主持人宣布:现由法庭组织调解。

法庭调解的一般程序:

1. 先由原告方提出调解方案,征询被告的意见。

2. 如被告同意原告的调解方案的,法庭予以审查确认;被告拒绝的,则由被告提出新的调解方案,并征询原告的意见。

3. 原告同意被告提出的新的调解方案的,法庭予以审查确认;原告拒绝的,法庭可以再进行调解或者终止调解程序。

4. 当事人各方提出的调解方案均被对方拒绝的,法庭可以提出调解方案,并征询当事人的意见。

对当事人达成的调解协议,法庭经审查确认调解协议内容的合法性和当事人意思表示的真实性后,制作调解书。调解书经双方当事人签收后,即具有法律效力。调解成功后,审判长宣布闭庭。

（四）终结调解

调解不成,主持人宣布:法庭调解结束。

如果法庭认为有调解的必要和可能的,可以在休庭后进一步组织调解。无须调解或者调解不成的,应当及时评议,作出判决。

七、休庭、评议和宣判

（一）宣布休庭

审判长先宣布:现在休庭,然后敲击法槌。

宣布休庭后应告知当事人复庭的时间;如果决定不当庭宣判的,应当告知宣判的时间或者交代:宣判时间另行通知。

（二）法官退庭和评议

决定当庭宣判的,应于休庭后立即进行评议;择期宣判的,应在庭审结束后五个工作日内进行评议。

合议庭评议案件时,先由承办法官对认定案件事实、证据是否确实、充分以及适用法律等发表意见,审判长最后发表意见;审判长作为承办法官的,由审判长最后发表意见。对案件的裁判结果进行评议时,由审判长最后发表意见。审判长应当根据评议情况总结合议庭评议的结论性意见。合议庭成员应当认真负责,充分陈述意见,独立行使表决权,不得拒绝陈述意见或者仅作同意与否的简单表态。同意他人意见的,也应当提出事实根据和法律依据,进行分析论证。

评议后,合议庭应当依照规定的权限,及时对已经评议形成一致或者多数意见的案件直接作出判决或者裁定。

（三）法官入庭和宣布继续开庭

庭审准备就绪,书记员宣布:全体起立——请审判长、审判员(人民陪审员)入庭。

待法官坐定后,书记员再宣布:请坐下。

审判长敲击法槌后,即宣布:现在继续开庭。

（四）宣布评议结果

原定当庭宣判的,但经合议庭评议后未能作出裁判或评议决定不当庭宣判的,审判长应予说明,后宣布休庭。

经合议庭评议,能够当庭宣判的,审判长应宣告:经过合议庭评议,评议结论已经作出。现予宣布……。

宣判的内容包括:(1)认证结论(先前已宣布的认证结论除外);(2)裁判理由;(3)裁判结果以及诉讼费的负担。关于当事人的基本情况、案由、当事人陈述等部分内容,在当庭宣判时无须宣读。

在审判长宣告裁判结果(主文)前,由书记员宣布:全体人员起立。合议庭成员和书记员,以及诉讼参加人、旁听人员均应起立。

宣读完毕,审判长敲击法槌;然后书记员宣布:请坐下。

(五)征询意见

宣判后,审判长依次询问当事人:对本判决(裁定)有何意见?

当事人陈述意见后,审判长不必与当事人纠缠,指示书记员:请将当事人的意见记录在案。

(六)交代诉权和说明文书的送达方式

当庭宣判的,审判长宣布:如不服本判决(裁定),可在判决(裁定)书送达之日起……日内,向本院递交上诉状,并按对方当事人的人数提出副本,上诉于……法院。

书面文本的说明:除判决(裁定)结果外,本判决(裁定)的其他具体内容以书面文本为准。

文书送达的说明。经询问确认当事人或者其诉讼代理人、代收人同意在指定的期间内到人民法院接受送达的,审判长宣告:请当事人于……(时间)到……(地点)领取判决书(裁定书)。无正当理由逾期不来领取的,视为送达。当事人要求邮寄送达的,审判长宣告:法庭将根据当事人确认的地址邮寄送达。邮件回执上注明的收到或者退回之日即为送达之日。

(七)宣布闭庭

审判长宣布:庭审结束。现在宣布——闭庭!然后敲击法槌。

书记员宣布:全体起立!

待合议庭成员退庭后,宣布:散庭。诉讼参加人和旁听人员方退庭。

(八)审阅笔录的说明

散庭后,书记员向诉讼参与人交代阅读法庭笔录的时间和地点。能够当庭阅读庭审笔录的,请诉讼参与人阅读并签名。

诉讼参加人认为笔录有误,可以要求书记员更改;是否同意修改,应当由书记员决定。书记员不同意更改的,诉讼参与人可以予以注明或者提交书面说明附卷。

第二节 行政诉讼二审程序模拟演练

一、开庭准备和开庭宣布

1. 庭前准备工作。

书记员应先期到达法庭,做好开庭前准备工作。

2. 宣布法庭纪律。

诉讼参加人在二审庭审时有变化的,书记员在宣布法律纪律的同时,可以宣布法庭规则。

3. 法官入庭和报告庭审前准备情况。

法官就座,报告开庭前准备情况后,书记员报告:法庭准备工作就绪,请审判长主持开庭。

4. 核对确认诉讼参加人的身份。

经核对,并征询各方当事人确认无异后,即宣布:经法庭当庭核对确认,出庭的诉讼参加人符合法律规定,准予参加本案的庭审活动。

5. 宣布开庭。

审判长先敲击法槌,然后庄严宣布:××××人民法院现在开庭!

6. 宣告案名、案件由来、审理程序和方式。

宣告案名:本庭现审理的是:……(原告在二审中的称谓)×××诉(与)……(被告在二审中的称谓)××××及……(第三人在二审中的称谓)×××……(案由)一案。

宣告案件由来:上诉人×××因本案,不服……(一审法院)于……(时间)作出的……(判决或者裁定名称和案号),于……(时间)向本院提起上诉;本院于……(受理时间)决定受理本案。如延长审限、召开预审庭等情形的,应一并说明。

宣告审理的方式和程序:依照《中华人民共和国行政诉讼法》的规定,本庭依照第二审程序,公开开庭审理本案。如不公开开庭审理的,应当说明理由。

7. 介绍审判人员和征询回避意见。

二审法院不必在再行书面告知当事人诉讼权利义务。如有必要,法庭可以当庭告知当事人的诉讼权利义务相关的内容即可。

当事人确认不提出回避申请的,审判长还可以强调:各方当事人应当正确行使诉讼权利,切实履行诉讼义务,遵守法庭规则,服从法庭指挥,确保庭审活动的顺利进行。

二、法庭调查

1. 宣布法庭调查。

2. 当事人陈述。

在当事人陈述之前,法庭可以宣布原审判决或者裁定的主要内容。

当事人宣读诉状或者简要陈述上诉请求或者主张,以及所依据的事实和理由后,法庭认为有必要,可以组织当事人补充陈述和发问陈述。

3. 归纳小结。

主持人宣布:根据当事人陈述,结合案件的其他诉讼材料,法庭归纳小结以下几个方面的内容:……。

具体内容包括:(1)上诉人的上诉请求,(2)当事人没有争议事实,(3)诉讼争议的焦点,(4)当事人举证、质证和原审认证的情况,(5)法庭进一步调查的范围。

法庭调查的范围确定后,法庭还宣布:当事人当庭举证、质证应当围绕法庭确定的范围进行。

4. 当庭举证。

逐一确定法庭调查的具体事项后,主持人宣布:现在,法庭调查……。请当事人当庭举证。然后指示当事人当庭出示证据并说明。

5. 当庭质证。

举证完毕,主持人宣布:请当事人质证。

质证时,法庭应当引导质证当事人首先作出是否认可的意思表示。如不认可,应提出具体的理由,并组织当事人展开质辩。

6. 证人、鉴定人、勘验检查人以及专家出庭作证和当庭质证。

7. 当庭认证。

证据经当庭举证、质证后,合议庭当庭评议或者短暂休庭评议,对证据进行审查核实并做出认证结论。能够当庭宣布认证结论的,由审判长当庭宣布;不能当庭宣布的,在下次开庭时或者宣判时宣布。不能当庭认证的,应当向当事人作出说明。

8. 发问和答问。

法庭根据案件审理的需要,可以给当事人相互发问的机会。

9. 其他事项的调查。

10. 宣布法庭调查结束。

经确认各方当事人没有新的证据提供和其他事实需要调查后,主持人宣布:法庭调查结束。

三、法庭辩论

1．宣布法庭辩论。

2．对等辩论。

3．互相辩论。

4．宣布法庭辩论结束。

在确认各方当事人辩论意见陈述完毕后，主持人即可宣布：法庭辩论结束。

四、当事人最后陈述

主持人宣布：现在，由当事人陈述最后意见。随即指示上诉人、被上诉人、原审当事人依次作最后陈述。

五、法庭调解

1．宣布法庭调解。

2．询问当事人调解的意愿。

3．组织调解。

4．终结调解。

法庭调解结束后，经合议庭评议认为没有进一步调解的必要或可能的，应当休庭评议，及时作出判决。

六、休庭、评议和宣判

1．宣布休庭。

审判长先宣布：现在休庭，然后敲击法槌。

宣布休庭后应告知当事人复庭的时间；如果决定不当庭宣判的，应当告知宣判的时间或者交代：宣判时间另行通知。

2．法官退庭和评议。

决定当庭宣判的，应于休庭后立即进行评议；择期宣判的，应在庭审结束后五个工作日内进行评议。

3．法官入庭和宣布继续开庭

庭审准备就绪，书记员宣布：全体起立——请审判长、审判员入庭。

待法官坐定后，书记员再宣布：请坐下。

审判长敲击法槌后，即宣布：现在继续开庭。

4．宣布评议结果。

原定当庭宣判的，但经合议庭评议后未能作出裁判或评议决定不当庭宣判的，审判长应予说明，后宣布休庭。

经合议庭评议,能够当庭宣判的,审判长应宣告:经过合议庭评议,评议结论已经作出。现予宣布……。

宣判的内容包括:(1)认证结论(先前已宣布的认证结论除外),(2)裁判理由(3)裁判结果以及诉讼费的负担。关于当事人的基本情况、案由、当事人陈述等部分内容,在当庭宣判时无须宣读。

在审判长宣告裁判结果(主文)前,由书记员宣布:全体人员起立。合议庭成员和书记员,以及诉讼参加人、旁听人员均应起立。

宣读完毕,审判长敲击法槌;然后书记员宣布:请坐下。

5. 征询意见。

宣判后,审判长依次询问当事人:对本判决(裁定)有何意见?

当事人陈述意见后,审判长不必与当事人纠缠,指示书记员:请将当事人的意见记录在案。

6. 说明文书的送达方式。

书面文本的说明:除判决(裁定)结果外,本判决(裁定)的其他具体内容以书面文本为准。

文书送达的说明。经询问确认当事人或者其诉讼代理人、代收人同意在指定的期间内到人民法院接受送达的,审判长宣告:请当事人于……(时间)到……(地点)领取判决书(裁定书)。无正当理由逾期不来领取的,视为送达。当事人要求邮寄送达的,审判长宣告:法庭将根据当事人确认的地址邮寄送达。邮件回执上注明的收到或者退回之日即为送达之日。

7. 宣布闭庭。

审判长宣布:庭审结束。现在宣布——闭庭! 然后敲击法槌。

书记员宣布:全体起立!

待合议庭成员退庭后,宣布:散庭。诉讼参加人和旁听人员方退庭。

8. 审阅笔录的说明。

第三节　本章主要诉讼文书

一、行政起诉状

(一)样式

行政起诉状(1)

(公民提起行政诉讼用)

原告:

被告：

案由：

诉讼请求：

事实与理由：

证据和证据来源，证人姓名和住址：

　　此致

××××人民法院

起诉人：

年　月　日

附：本诉状副本　份

行政起诉状(2)

（法人或其他组织提起行政诉讼用）

原告：

所在地址：

法定代表人(或代表人)：

职务：　　　　　电话：

企业性质：　　　工商登记核准号：

经营范围和方式：

开户范围和方式：

开户银行：　　　账号：

被告：

所在地址：

案由：

诉讼请求：

事实与理由：

证据和证据来源，证人姓名和住址：

　　此致

××××人民法院

起诉人：

年　月　日

附：本诉状副本　份。

（二）说明

1. 标题：写明（行政起诉状）。

2. 首部：必须分别写明原告和被告的有关情况。

3. 诉讼请求：主要包括：请求撤销处罚决定、请求变更处罚决定、要求判令行政机关履行法定职责、请求判令行政机关赔偿损失等。诉讼请求要表述明确、具体。

4. 事实与理由：该部分行政起诉状的重点。

事实是人民法院审理案件的依据，要全面简要地反映出案件的客观事实，写明案情事实的六个要素，即：时间、地点、人物、事件、原因、结果等，指出行政争议的焦点。如果是经过政复议后不服提出起诉的，还要写清楚复议行政机关作出复议决定过程和结果。

理由是在叙述事实的基础上，依据法律法规进行分析，论证诉讼请求合理合法。例如，对被告侵犯原告人身权和财产权的案件，原告要着重论述被告实施的具体行政行为所依据的事实不真实、证据不充分；或者违反了法定程序，所适用的法律有错误；或者被告纯属超越职权范围、滥用职权的行为；或者该行政处罚过重，侵害了原告正当权益等。其理由应根据案件的不同而有所侧重，但引用法律、法规条文必须准确，理由务必充分。

证据和证据来源、证人姓名和住址：这部分内容要求原告就诉讼请求、列举的事实、阐述的理由所举之证据，应当详细、分明，以便人民法院在办案过程中核对查实。

5. 尾部：包括附项和落款。要写明起诉人的姓名、日期，在附项中写明本诉状副本份数。

提示：更具体的注意事项，请参照《民事起诉状》部分。

二、答辩状

（一）样式

行政答辩状

答辩人：××市工商行政管理局

法定代表人：×××，×市工商行政管理局长。

委托代理人：×××，×××××××××××××。

关于原告人×××不服本局××工商发（××）第××号《复议决定书》提起行政诉讼一案，依法特作如下答辩：

原告人诉状中声称他们的行为是合法的，××县××××局对他们处理决定是错误的。根据事实和法律,我们认为:工商发(××)第××号《复议决定书》维持××县工商行政管理局×工商处(××)第××号的处理决定是正确的(略)。

综上所述,××县××××局×工商处(××)第××号《处理决定书》认定原告人违法的事实是清楚的,证据是确凿的,定性是准确的,处理是正确的。没收×××非法所得30000元也是正确的。故我们以×工商发(××第××号《复议决定书》予以维持。同理原告人的诉讼所请不能成立,应予以驳回。为维护国家利益和社会主义经济秩序,请人民法院依法予以判决。

此致
××县人民法院

答辩人:××市工商行政管理局(盖章)
××年×月×日

(二)说明

答辩状由首部、答辩理由、尾部和附项三部分组成。

首部应写明下列内容:

1.标题。标题写明"行政答辩状"、"行政被上诉答辩状"。前者为第一审案件答辩状,后者为上诉案件答辩状。

2.答辩人的基本情况。当事人栏目,直接列写答辩人的基本情况。

先列写答辩人及其单位全称和所在地。另起一行列写该单位的法定代表人及其姓名、职务。再另起一行,列写委托代理人及其姓名、职务。

对方当事人的情况不用单独列写,可在下面的答辩理由说明起诉人和上诉人是谁,起诉或上诉的案由是什么。

3.写明答辩事由。第一审案件答辩状和上诉案件答辩状其事由的写法不同。现分别说明如下:第一审案件答辩人是被告人,答辩事由的具体行文为:"因××(案由)一案,现提出答辩如下:……。"上诉案件答辩状的答辩人是被上诉人,答辩状具体行文为:"上诉人×××(姓名)因××(案由)一案不服×××人民法院××年×月×日×字第×号×事判决(或裁定),提起上诉,现提出答辩如下:……。"

答辩理由:答辩的理由是答辩状的主体部分,写法没有统一的规定,一定要针对原告在诉状中提出的事实和理由,或上诉人在上诉状中提出的上诉请求和理由进行答辩,并可提出相反的事实、证据和理由,以证明自己的理由和观点是正确的,而提出的要求是合理的。

尾部和附项写明以下内容:

（1）呈送的机关。写为"此致×××人民法院"。

（2）右下方写明。答辩人×××（签名或盖章）并注明年月日。

（3）附项。注明证物、书证的名称和件数。

三、一审行政诉讼判决书（一审作为类行政案件用）

（一）样式

×××× 人民法院

行政判决书

（一审作为类行政案件用）

〔××××〕×行初字第××号

原告：……（写明姓名或名称等基本情况）。

法定代表人：……（写明姓名，性别和职务）。

委托代理人（或指定代理人，法定代理人）：……（写明姓名等基本情况）。

被告：……（写明行政主体名称和所在地址）。

法定代表人：……（写明姓名，性别和职务）。

委托代理人：……（写明姓名等基本情况）。

第三人：……（写明姓名或名称等基本情况）。

法定代表人：……（写明姓名，性别和职务）。

委托代理人（或指定代理人，法定代理人）：……（写明姓名等基本情况）。

原告×××不服××××（行政主体名称）××××（具体行政行为），于×××年××月××日向本院提起行政诉讼。本院于××××年××月××日受理后，于××××年××月××日向被告送达了起诉状副本及应诉通知书。本院依法组成合议庭，于××××年××月××日公开（或不公开）开庭审理了本案。……（写明到庭参加庭审活动的当事人，诉讼代理人，证人，鉴定人，勘验人和翻译人员等）到庭参加诉讼。……（写明发生的其他重要程序活动，如：被批准延长本案审理期限等情况）。本案现已审理终结。

被告××××（行政主体名称）（写明作出具体行政行为的行政程序）于××××年×月××日对原告作出××号××××决定（或其他名称），……（详细写明被诉具体行政行为认定的事实，适用的法律规范和处理的内容）。被告于××××年××月××日向本院提供了作出被诉具体行政行为的证据、依据（若有经法院批准延期提供证据的情况，应当予以说明）：（1）……（证据的名称及内容等），证明……（写明证据的证明目的。可以按被告举证顺序，归类概括证明目的）；（2）……（可以根据案情，从法定职权，执法程序，认定事实，适用法律等方面，分类列举有关证据和依据；或者综合列举证据，略写无争议部分）。

原告×××诉称，……（概括写明原告的诉讼请求及理由，原告提供的证据）。

被告×××辩称，……（概括写明被告答辩的主要理由和要求）。

第三人×××述称，……（概括写明第三人的主要意见，第三人提供的证据）。

本院依法（或依原告，第三人的申请）调取了以下证据：……。

经庭审质证（或交换证据），本院对以下证据作如下确认……。

经审理查明，……（经审理查明的案件事实内容）。

本院认为，……（运用行政实体及程序法律规范，对具体行政行为合法性进行分析论证，对各方当事人的诉讼理由逐一分析，论证是否成立，表明是否予以支持或采纳，并说明理由）。依照……（写明判决依据的行政诉讼法以及相关司法解释的条，款，项，目）之规定，判决如下：

……

【（写明判决结果），分以下九种情况：

第一，维持被诉具体行政行为的，写：

"维持××××（行政主体名称）××××年××月××日作出的〔××××〕×××字第××号……（具体行政行为名称）。"

第二，撤销被诉具体行政行为的，写：

"一、撤销××××（行政主体名称）××××年××月××日作出的〔××××〕×××字第××号……（具体行政行为名称）；

二、责令××××（行政主体名称）在××日内重新作出具体行政行为（不需要重作的，此项不写；不宜限定期限的，期限不写）。"

第三，部分撤销被诉具体行政行为的，写：

"一、维持××××（行政主体名称）××××年××月××日作出的〔××××〕×××字第××号……（具体行政行为名称）的第×项，即……（写明维持的具体内容）；

二、撤销××××（行政主体名称）××××年××月××日〔××××〕×××字第××号……（具体行政行为名称）的第×项，即……（写明撤销的具体内容）；

三、责令××××（行政主体名称）在××日内重新作出具体行政行为（不需要重作的，此项不写；不宜限定期限的，期限不写）。"

第四，判决变更行政处罚的，写：

"变更××××（行政主体名称）××××年××月××日作出的〔××××〕×××字第××号行政处罚决定（或行政复议决定，或属行政处罚性质的等其他具体行政行为),改为……(写明变更内容)。"

第五,驳回原告诉讼请求的,写:

"驳回原告要求撤销(或变更,确认违法等)××××(行政机关名称)×××
×年××月××日作出的〔××××〕×××字第××号……(具体行政行为名
称)的诉讼请求。"

第六,确认被诉具体行政行为合法或有效的,写:

"确认××××(行政主体名称)××××年××月××日作出的〔×××
×〕×××字第××号……(具体行政行为名称)合法(或有效)。"

第七,确认被诉具体行政行为违法(或无效)的,写:

"一、确认××××(行政机关名称)××××年××月××日作出的〔××
××〕×××字第××号……(具体行政行为名称)违法(或无效)。

二、责令被告××××在……(限定的期限)内,……(写明采取的补救措
施。不需要采取补救措施的,此项不写)。"

第八,驳回原告赔偿请求的,写:

"驳回原告×××关于……(赔偿请求事项)的赔偿请求。"

第九,判决被告予以赔偿的,写:

"被告××××(行政主体名称)于本判决生效之日起××日内赔偿原告×
××……(写明赔偿的金额)。"

……(写明诉讼费用的负担)。】

如不服本判决,可在判决书送达之日起十五日内提起上诉,向本院递交上诉
状,并按对方当事人的人数递交上诉状副本,上诉于××××人民法院。

审判长:×××

审判员:×××

审判员:×××

××××年××月××日

(院印)

本件与原本核对无异

书记员:×××

附录:(根据案件需要,可以通过附录形式载明判决书中的有关内容)

(二)说明

1. 首部

首部应依次写明标题,案号,当事人及其诉讼代理人的基本情况,以及案件
由来,审判组织和开庭审理过程等。

（1）标题中的法院名称，一般应与院印的文字一致，但基层法院应冠以省、市、自治区的名称。

（2）案号是不同案件的序列编号，应贯彻一案一号的原则。案号由立案年度、制作法院、案件性质、审判程序的代字和案件顺序号组成。例如上海市黄浦区人民法院 2008 年第 1 号一审行政案件，表述为"〔2008〕黄行初字第 1 号"。

（3）提起行政诉讼的原告包括公民，法人或者其他组织。

原告是公民的，写明姓名，性别，出生年月日，民族，籍贯和住址，公民的住址应写住所地，住所地和经常居住地不一致的，写经常居住地。原告是法人的，写明法人的名称和所在地址，并另起一行列项写明法定代表人及其姓名，性别和职务等。原告是不具备法人资格的其他组织的，写明其名称或字号和所在地址，并另起一行写明诉讼代表人及其姓名，性别和职务。原告是个体工商户的，写明业主的姓名、性别、出生年月日、民族、籍贯、住址；起有字号的，在其姓名之后用括号注明"系……（字号）业主"。原告是无诉讼行为能力的公民，除写明原告本人的基本情况外，还应列项写明其法定代理人或指定代理人的姓名，性别，住址，及其与被代理人的关系，并在姓名后括注其与原告的关系。

群体诉讼案件，推选或指定诉讼代表人的，在原告身份事项之后写明"原告暨诉讼代表人……"，并写明诉讼代表人的基本情况，格式与原告基本情况相同。如涉及原告人数众多的，可在首部仅列明诉讼代表人基本情况，原告名单及其基本身份情况可列入判决书附录部分。

（4）行政判决书中的被告，应写明被诉的行政主体名称，所在地址；另起一行列项写明法定代表人或诉讼代表人姓名，性别和职务；再起一行列写委托代理人的基本事项。

（5）有第三人参加诉讼的，第三人列在被告之后，第三人基本情况的写法同上。

（6）书写案件由来，审判组织，被告与第三人的应诉，当事人进行证据交换情况以及开庭审理过程，是为了表明法院的审判活动公开和透明。如有第三人参加诉讼，可选择使用："因×××与本案被诉具体行政行为有法律上的利害关系，本院依法通知其为第三人参加诉讼（公民、法人或者其他组织申请作为第三人参加诉讼的写：因×××与本案被诉具体行政行为有法律上的利害关系，经××申请，本院依法准许其为第三人参加诉讼）"的格式。如当事人经两次合法传唤无正当理由未到庭的，应当写明："×告×××经本院两次合法传唤，无正当理由拒不到庭"。进行证据交换的应写明："本院于×××年××月××日组织原，被告及第三人进行了证据交换，并送达了证据清单副本"。如有被批准延长审理期限情况，应写明批准延长批复的文号。不公开开庭审理的，应写明不予

101

公开的理由。有关程序活动可根据时间节点的先后顺序表明。

2. 事实

事实部分应写明当事人行政争议的内容,以及经法院审理确认的事实和证据。这一部分的操作方法是:

(1) 详细叙述被告实施具体行政行为的行政程序和具体行政行为的主要内容(包括认定

的事实,适用的法律规范和处理结果),使需要进行合法性审查的"事实"得到充分展示。如被诉行政行为系非要式行为,可结合被告作出行政行为时的内部报告或庭审中双方认可的结论确定具体行政行为的内容。

(2) 根据行政诉讼法及《最高人民法院关于行政诉讼证据若干问题的规定》的规定,被告对作出的具体行政行为负有举证责任。为了突出体现这一原则,在被诉具体行政行为得到展示之后,随之将被告主张被诉具体行政行为合法性的证据一一列举在后。列举的证据应写明证据的名称及内容,写明证据的证明目的(可以按被告举证顺序,归类概括证明目的;也可以根据案情,从法定职权,执法程序,认定事实,适用法律等方面,分类列举有关证据和依据;还可以综合列举证据,略写无争议部分)。为体现被告必须在法定期限内向法院提供证据的要求,应当写明被告提供证据的时间。对于经法院批准延期提供证据的,应当予以说明。

(3) 简明扼要地写明原告的诉讼请求及理由,避免照抄起诉状或者详细叙述诉讼请求中的具体理由。在原告诉讼请求之后,写明原告提供的证据。如有第三人参加诉讼,概括写明第三人的意见和其提供的证据。

(4) 概述被告的答辩理由和要求,注意避免与已有内容的重复。

(5) 对法院依职权或者原告,第三人的申请而调取证据的,应当予以说明。

(6) 在事实部分需要注意的是:

①判决书应反映出当事人的法庭质辩意见和法院认证的动态过程。

②制作判决书时,案件在实体上已经审理终结,法官应做到心中有数,合理确定写作章法,对庭审过程的表述切忌事无巨细,要做到有所侧重。拟判决撤销的案件,可在事实及理由中重点表述违法部分,其余部分可简略或省略。如审查的结果是被告缺乏职权依据的情况,可考虑只写明对法定职权的审查,并辅以相关的法理论证,而被诉行政行为的执法程序,认定事实,适用法律等方面的问题不必再赘述。

③根据《最高人民法院关于行政诉讼证据若干问题的规定》第五十四条规定,法院的认证应从证据的关联性,合法性,真实性来阐述说明。对争议的问题,应当遵循法官职业道德,根据法律规定,运用逻辑推理和生活经验进行全面、客

观、公正地分析判断,确定证据材料与案件事实之间的证明关系,排除不具有关联性的证据材料,准确认定案件事实。

④通过庭审质证或交换证据,被告对原告诉讼理由中予以认可的部分如果与法院审查的事实相一致,则只需说明即可;如果不一致,且影响被诉具体行政行为合法性成立的,应当在质证后,再对这一部分事实的合法性进行认证。

⑤根据行政诉讼法第四十一条和《最高人民法院关于行政诉讼证据若干问题的规定》第四条的规定,公民、法人或者其他组织向人民法院起诉时,应当提供其符合起诉条件的相应的证据材料。对原告是否符合起诉条件进行开庭审理的,应在判决书中写明审理、质证的情况。如需要时,可以在判决书中对此予以交代:"原告起诉时,提供了……等证据材料,以证明……(主要写明原告证明被诉具体行政行为客观存在,其起诉符合起诉条件的内容)"。

⑥对于被告未提供证据的,应使用"被告××××在法定期限内未向本院提交作出具体行政行为时的证据,依据"的格式;被告逾期提交的,需说明法院收受或不收受证据的依据和理由;被告申请延期提供证据的,则写"被告以×××为由,于××××年××月××日向本院提出延期提供证据的书面申请,经本院准许,被告于××××年××月××日提供了证据"。

⑦如有法院依职权(或者依原告,第三人申请)调取证据的情况,则需写明被调取证据的名称,证明目的和双方当事人(或者第三人)的观点;如果法院不准许调取的或者经调取未能取得相应证据的,亦应予说明。法院根据原告或第三人的申请而调取的证据,应作为原告或第三人方的证据,在庭审质证表述中,可分别归于原告或第三人提供的证据作为质证内容。

⑧对于根据原告(或者第三人或者被告)的申请,委托鉴定部门进行鉴定的,需写明鉴定部门,鉴定事项和鉴定结论以及双方当事人(或者第三人)的意见。

⑨事实表述时,应注意保守国家机密,保护当事人的声誉。

3. 理由

针对行政诉讼的特点,理由部分要根据查明的事实和有关法、法规和法学理论,就行政主体所作的具体行政行为是否合法、原告的诉讼请求是否有理进行分析论证,阐明判决的理由。

论述被诉具体行政行为的合法性,包括:

(1) 被告是否具有法定职权;

(2) 被诉具体行政行为是否符合法定程序;

(3) 被诉具体行政行为认定事实是否清楚,主要证据是否充分;

(4) 适用法律、法规、司法解释、规章以及其他规范性文件是否正确;

(5) 被告是否超越职权、滥用职权,行政处罚是否显失公正。

围绕法律规范展开法律分析,对法律条文的援引要做到准确。根据行政诉讼法和《最高人民法院关于执行〈中华人民共和国行政诉讼法〉若干问题的解释》的规定,审理行政案件应以法律、行政法规、地方性法规、自治条例和单行条例为依据,参照国务院各部、委以及省、自治区、直辖市人民政府和较大的市人民政府制定、发布的行政规章。

在最终判决依据的适用上,应分别适用行政诉讼法第五十四条(一)、(二)、(三)、(四)项的规定和等相关的司法解释的规定,在引用时要写明最具体的条、款、项、目。

4. 判决结果

判决结果是人民法院对当事人之间的行政诉讼争议作出的实体处理结论。根据行政诉讼法第五十四条和《最高人民法院关于执行〈中华人民共和国行政诉讼法〉若干问题的解释》第五十六条第五十七条,第五十八条的规定,一审作为类行政判决可分为维持判决,撤销或者部分撤销判决,变更判决,确认判决及驳回诉讼请求判决等情形。对原告一并提出行政赔偿诉讼,经法院审查认为可以合并审理的案件,可以在判决书中将行政赔偿作为原告的一个诉讼请求来处理,在判决结果上分为"驳回原告赔偿请求"和"判决被告予以赔偿"两种情况。

5. 尾部

尾部应依次写明诉讼费用的负担,交代上诉的权利、方法、期限和上诉审法院,合议庭成员署名、判决日期、书记员署名等内容。涉外案件的上诉期限参照民事诉讼法的规定。判决书的正本,应由书记员在判决日期的左下方,书记员署名的左上方加盖"本件与原本核对无异"字样的印戳。

第六、附录

根据案件的不同需要,可将判决书中的有关内容载入附录部分,如:将判决书中所提到的法律规范条文附上,以供当事人全面了解有关法律规定的内容。又如:群体诉讼案件中原告名单及其身份情况也可以列入此部分。

四、一审行政诉讼判决书(一审不作为类案件用)

(一)样式

××××人民法院
行政判决书
(一审不作为类案件用)

〔××××〕×行初字第××号

原告:……(写明姓名或名称等基本情况)。

法定代表人:……(写明姓名、性别和职务)。

委托代理人(或指定代理人、法定代理人)：……(写明姓名等基本情况)。

被告：……(写明行政主体名称和所在地址)。

法定代表人：……(写明姓名、性别和职务)。

委托代理人：……(写明姓名等基本情况)。

第三人：……(写明姓名或名称等基本情况)。

法定代表人：……(写明姓名、性别和职务)。

委托代理人(或指定代理人、法定代理人)：……(写明姓名等基本情况)。

原告×××因要求被告×××(行政主体名称)履行法定职责(或者其他行政义务)，于××××年××月××日向本院提起行政诉讼。本院于××××年××月××日受理后，于××××年××月××日向被告送达了起诉状副本及应诉通知书。本院依法组成合议庭，于××××年××月××日公开(或不公开)开庭审理了本案。……(写明到庭的当事人、诉讼代理人、证人、鉴定人、勘验人和翻译人员等)到庭参加诉讼。……(写明发生的其他重要程序活动，如：被批准延长本案审理期限等情况)。本案现已审理终结。

原告×××于××××年××月××日向被告×××提出×××申请。被告在原告起诉之前未作出处理决定。

原告×××诉称：……(概括原告提出的事实，理由及诉讼请求)。

被告×××辩称：……(概括被告答辩的主要理由，被告未提交答辩状的，写明："被告未提交答辩状，但在庭审中辩称……")。

第三人×××述称，……(概括写明第三人的主要意见，第三人提供的证据)。

原告在起诉时提供以下证据证明其曾于××××年××月××日向被告提出××申请项：……(概括写明证据的名称，时间，内容)。经质证，被告认为……(写明被告提出异议的理由，如无异议，应予说明。有《最高人民法院关于行政诉讼证据若干问题的规定》第四条第二款中所列情形的，则此项不写)。

被告于××××年××月××日向本院提供了以下证据及依据(如被告申请延期提供证据的，写明："被告以×××为由，于××××年××月××日向本院提出延期提供证据的书面申请，经本院准许，被告于××××年××月××日提供了证据")：1.……；2.……。经质证，原告认为，……(对证据提出异议的理由，如无异议，应写明)，并提供了以下证据：……。经质证，被告认为，……。

本院依法(或依原告，第三人的申请)调取了以下证据：……。

经庭审质证(或交换证据)，本院对证据作如下确认：……。

本院根据以上有效证据及当事人质证意见认定以下事实：……(认定有效证据所证明的事实，详细分析当事人各自所举证据能否支持其主张)。

本院认为：……(1. 写明应当适用的法律规范，并根据案情对法律、司法解释、行政法规、地方性法规及合法有效的规章等作必要诠释。2. 可根据案情分析被告是否具有法定职权，是否存在拖延履行、不予答复等情况。3. 分析原告申请的理由是否依法成立，确认原告的诉讼请求是否符合法定条件，阐明是否予以支持。4. 分析确认原告合法权益是否受到侵害，与行政机关不作为有无因果关系)。依照……(写明判决依据的行政诉讼法以及相关司法解释的条、款、项、目)之规定，判决如下：

……

【(写明判决结果)，分五种情况：

第一，判决驳回原告诉讼请求的，写：

"驳回原告×××要求被告×××(行政主体名称)……(申请事项)的诉讼请求。"

第二，判决被告履行法定职责的，写：

"责令×××(行政主体名称)……(写明被告应当在一定期限内履行法定职责，因特殊情况难于确定期限的，可不写履行期限)。"

第三，判决确认被告不履行法定职责行为违法的，写：

"确认被告×××(行政主体名称)……(不履行法定职责的行为)违法。"

第四，驳回原告赔偿请求的，写：

"驳回原告×××关于……(赔偿请求事项)的赔偿请求。"

第五，判决被告予以赔偿的，写：

"被告××××(行政机关名称)于本判决生效之日起××日内赔偿原告×××……(写明赔偿的金额)。"

……(写明诉讼费用的负担)。】

如不服本判决，可在判决书送达之日起十五日内，向本院递交上诉状，并按对方当事人的人数递交上诉状副本，上诉于××××人民法院。

审判长：×××

审判员：×××

审判员：×××

××××年××月××日

(院印)

本件与原本核对无异

书记员：×××

附录：(根据案件需要，可以通过附录形式载明判决书中的有关内容)

（二）说明

1. 本判决书样式供各级法院在受理不作为（仅指拖延履行和不予答复）类行政案件后，按照行政诉讼法规定的第一审程序审理终结，并就案件的实体问题作出处理时使用。

2. 判决书的首部、尾部（包括附录部分）和正文中有关证据的列举、认证、说理方式以及相关的写作要求等，可参考一审作为类行政案件判决书样式及其说明。

3. 行政不作为案件的审理对当事人双方的举证要求与行政作为案件有所区别，应在判决书中有所体现。原告应提供其已经向被诉行政机关提出申请的事实以及被诉行政机关不作为的有关证据及依据。被告应提供证据证明原审原告的申请事项是否属于其法定职责或者法定义务，其是否在法定期限内已经履行法定职责或者义务以及其不作为是否符合法律规定等。判决书要围绕行政实体法预先设定的有关条件——一列举有关证据，分别对双方当事人所举证据予以认证，在认证的基础上进行充分说理、论证，最后明确被告不作为合法与否，原告申请是否成立。

4. 对于案情较复杂，证据较多的案件，可分类，分层表述举证、质证的过程。对于案情较简单、证据较少的案件，可待被告列举全部证据后一并质证。

5. 按照《最高人民法院关于行政诉讼证据若干问题的规定》的规定，一方当事人提供的证据，对方当事人明确表示认可的，可以认定该证据的证明效力。对于这类证据的认证，可简略表述为："×告对×告提供的××证据表示认可，本院予以确认。"

6. 认定事实时，可根据案情需要，先将双方当事人没有争议的事实直接予以认定，如："原告对××事实无异议，被告对××事实无异议。上列事实，本院予以认定。"然后再根据有效证据对双方争议的事实进行分析认定。

对于案情简单，证据较少以及双方当事人对事实和证据的争议较小的案件，宜将认证和认定事实结合在一起进行综合表述，以避免出现不必要的重复。

7. 对原告一并提出行政赔偿诉讼，经法院审查认为可以合并审理的案件，可以在判决书中将行政赔偿作为原告的一个诉讼请求来处理，在判决结果上分为"驳回原告赔偿请求"和"判决被告予以赔偿"两种情况。

五、行政赔偿判决书(一审行政赔偿案件用)

(一)样式

××××人民法院

行政赔偿判决书

(一审行政赔偿案件用)

〔××××〕×行初字第××号

原告:……(写明姓名或名称等基本情况)。

法定代表人:……(写明姓名,性别和职务)。

委托代理人(或指定代理人,法定代理人):……(写明姓名等基本情况)。

被告:……(写明行政主体名称和所在地址)。

法定代表人:……(写明姓名,性别和职务)。

委托代理人:……(写明姓名等基本情况)。

第三人:……(写明姓名或名称等基本情况)。

法定代表人……(写明姓名,性别和职务)。

委托代理人(或指定代理人,法定代理人):……(写明姓名等基本情况)。

原告×××不服××××(行政主体名称)作出的行政赔偿处理决定,于××××年××月××日向本院提起行政赔偿诉讼(被告不作行政赔偿裁决诉讼的写:原告于××××年××月××日向××××(行政主体名称)提出行政赔偿申请,被告未给予答复(含未给予实质性答复),原告于××××年××月××日向本院提起行政赔偿诉讼)。本院于××××年××月××日受理后,于××××年××月××日向被告送达了起诉状副本及应诉通知书。因×××与本案被诉具体行政行为有法律上的利害关系,本院依法通知其为第三人参加诉讼(公民,法人或者其他组织申请作为第三人参加诉讼的写:"因×××与本案被诉行政行为或者事实行政行为有法律上的利害关系,经×××申请,本院依法准许其为第三人参加诉讼")。本院依法组成合议庭,于××××年××月××日公开(或不公开)开庭审理了本案(不公开开庭的,写明原因)。……(写明到庭参加庭审活动的当事人,诉讼代理人、证人、鉴定人、勘验人和翻译人员等)到庭参加诉讼。……(写明发生的其他重要程序活动,如:被批准延长审理期限等情况)。本案现已审理终结。

原告×××诉称,……(概括写明原告提出的主要事实,理由及赔偿诉讼请求)。被告×××辩称,……(概括写明被告答辩的主要理由和要求;如被告未提交答辩状的,写明:"被告未提交答辩状,但在庭审中辩称……")。

第三人×××述称,……(概括写明第三人的主要意见,第三人提供的证据）。原告就赔偿请求提供了以下证据：……（概括证据名称、内容及证明目的）。经质证，被告认为，……（写明被告异议的理由，如无异议，应说明）。原告则认为，……（辩驳理由）。

被告就答辩内容提供了以下证据：……（证据的名称、内容及证明目的）。经质证，原告认为……。被告则认为，……（辩驳理由）。

本院依法（或依原告、第三人的申请）调取了以下证据：……。

经庭审质证，本院对证据作如下确认：……。

本院根据以上有效证据及当事人的质证意见认定以下事实：……（写明有效证据所证明的事实）。

本院认为，……（1. 对未经确定的事实行政行为应根据被告的举证确定该行为是否存在；对已经确认违法的具体行政行为和事实行为，无需分析论证。2. 论证原告的合法权益是否被侵害，被侵害的程度和后果及其与被诉行政行为的因果关系，是否应予赔偿。3. 论证各方当事人的诉讼理由是否成立，表明是否予以支持或采纳，并说明理由）。依照……（写明判决依据的行政诉讼法、国家赔偿法以及相关司法解释的条、款、项、目）之规定，判决如下：

……

【写明判决结果），分两种情况：

第一，驳回原告赔偿请求的，写：

"驳回原告×××关于……（赔偿请求事项）的赔偿请求。"

第二，判决被告予以赔偿的，写：

"被告××××（行政机关名称）于本判决生效之日起××日内赔偿原告×××……（写明赔偿的金额）。"】

如不服本判决，可在判决书送达之日起十五日内提起上诉，向本院递交上诉状，并按对方当事人的人数递交上诉状副本，上诉于××××人民法院。

审判长：×××

审判员：×××

审判员：×××

××××年××月××日

（院印）

本件与原本核对无异

书记员：×××

附录：（根据案件需要，可以通过附录形式载明判决书中的有关内容）

(二)说明

1. 本判决书样式供各级法院在受理当事人单独提起行政赔偿案件后,按照行政诉讼法规定的第一审程序审理终结,并就案件的赔偿问题作出处理时使用。

当事人对行政机关作出的具体行政行为和事实行政行为都可以依法提起行政赔偿诉讼。"事实行政行为"是指行政机关非职务行为但与职务行为有关的违法行为。

2. 本判决书的首部,尾部(附录部分),正文中有关证据的列举、认证,说理方式以及相关的写作要求等,可参考一审作为类行政案件判决书样式及其说明。

3. 原告对具体行政行为提起行政诉讼时一并提起行政赔偿诉讼的,可以分别制作判决书,也可以只制作一份判决书。制作一份判决书时,可将行政赔偿作为原告的一个诉讼请求来处理。需要注意的是:最高人民法院《关于审理行政赔偿案件若干问题的规定》第二十八条中规定的"分别立案",是指对一并提起两个诉讼请求的案件,应当按照年度、审级、一案一号的原则单独立案,并形成独立卷宗;如果经法院审查,认为可以合并审理的案件,应当将已经单独立案的两个案件退回立案登记处销案,并对需要合并审理的两个案件作为一案重新立案编号。

4. 审理行政赔偿案件,应当以被诉行政行为违法为前提。原告因事实行政行为提起赔偿诉讼的,判决书应当以被告的举证确定被诉事实行政行为是否存在为判决依据;原告对具体行政行为提起行政诉讼时一并提起行政赔偿诉讼的,判决书应当以行政判决书确认的被诉具体行政行为是否合法为判决依据。

在赔偿诉讼中,证明因受被诉行政行为侵害而遭受损失的事实,适用"谁主张,谁举证"举证规则。

行政赔偿判决书论证的重点是被诉事实行政行为是否存在,被诉具体行政行为是否合法;原告是否存在合法权益,原告的合法权益是否被侵害,被侵害的程度和后果及其与被诉具体行政行为,事实行政行为的因果关系,原告是否应得到赔偿。对未经确定的事实行政行为,应当根据被告的举证确定该行为是否存在;对经确认违法的具体行政行为,只需写明"经何机关已经确认该行为违法",无需进行分析论证。

5. 行政赔偿判决书在适用法律时,不仅要适用行政诉讼法,还应适用国家赔偿法及《最高人民法院关于审理行政赔偿案件若干问题的规定》等相应的有关行政赔偿司法解释的规定。

6. 行政赔偿诉讼不收取诉讼费。

六、行政上诉状

（一）样式

行政上诉状

上诉人：……（写明姓名、性别、年龄、民族、籍贯、职业或者工作单位和职务、住址，如果是法人或者其他组织，应写明名称、法定代表人、住所、联系地址和邮政编码等，如果是行政机关作为被上诉人的，则应写明行政机关的名称、法定代表人和住所）。

被上诉人：……（写明姓名、性别、年龄、民族、籍贯、职业或者工作单位和职务、住址，如果是法人或者其他组织，应写明名称、法定代表人、住所、联系地址和邮政编码等，如果是行政机关提起上诉，则应写明行政机关的名称、法定代表人和住所）。

（如果一审原告、被告都不服判决，提起上诉，则都列为上诉人）

上诉人因××××一案（写明一审判决或者裁定书所列的案由），不服×××人民法院×年×月×日（××）字第××号判决（或者裁定），现提出上诉。

上诉请求：……

（写明要求上诉审法院解决的事由，如撤销原判；重新判决等）

上诉理由：……

（写明一审判决或者裁定不正确的事实根据和法律依据）

　　此致

×××人民法院

附：本上诉状副本　　份

上诉人：×××（签字或者盖章）
×年×月×日

（二）说明

1. 我国《行政诉讼法》第五十八条规定："当事人不服人民法院第一审判决的，有权在判决书送达之日起十五日内向上一级人民法院，提起上诉。当事人不服人民法院第一审裁定的，有权在裁定书送达之日起十日内向上一级人民法院提起上诉；逾期不提起上诉的，人民法院的第一审判决或者裁定发生法律效力。""行政上诉状，是指当事人不服人民法院的第一审行政判决、裁定，依法要求上一级人民法院撤销、变更一审判决、裁定的书面请求。"

2. 本诉状适用公民当事人提出上诉用和行政案件的法人、其他组织或行政机关提出上诉用。

七、行政判决书(二审维持原判或改判用)

(一)样式

××××人民法院

行政判决书

(二审维持原判或改判用)

〔××××〕×行终字第××号

上诉人(原审××):……(写明姓名或名称等基本情况)。

被上诉人(原审××):……(写明姓名或名称等基本情况)。

(当事人及其他诉讼参加人的列项和基本情况的写法,除当事人的称谓外,与一审行政判决书样式相同。)

上诉人××因……(写明案因)一案,不服××××人民法院〔××××〕×行初字第××号行政判决,向本院提起上诉。本院依法组成合议庭,公开(或不公开)开庭审理了本案。……(写明到庭的当事人、诉讼代理人等)到庭参加诉讼。本案现已审理终结。(未开庭的,写"本院依法组成合议庭,对本案进行了审理,现已审理终结。")

……(概括写明原审认定的事实和判决结果,简述上诉人的上诉请求及其主要理由和被上诉人的主要答辩的内容)。

经审理查明,……(写明二审认定的事实和证据)。

本院认为,……(针对上诉请求和理由,就原审判决认定的事实是否清楚,适用法律、法规是否正确,有无违反法定程序,上诉理由是否成立,上诉请求是否应予支持,以及被上诉人的答辩是否有理等,进行分析论证,阐明维持原判或者撤销原判予以改判的理由)。依照……(写明判决所依据的法律条款项)的规定,判决如下:

……

【写明判决结果。分四种情况:

第一,维持原审判决的,写:

"驳回上诉,维持原判。"

第二,对原审判决部分维持,部分撤销的,写:

"一、维持××××人民法院〔××××〕×行初字第××号行政判决第×项,即……(写明维持的具体内容);

二、撤销××××人民法院〔××××〕×行初字第××号行政判决第×项,即……(写明撤销的具体内容);

三、……(写明对撤销部分作出的改判内容。如无需作出改判的,此项不写)。"

第三,撤销原审判决,维持行政机关的具体行政行为的,写:

"一、撤销××××人民法院〔××××〕×行初字第××号行政判决;

二、维持××××(行政机关名称)××××年××月××日〔××××〕×××字第××号处罚决定(复议决定或其他具体行政行为)。"

第四,撤销原审判决,同时撤销或变更行政机关的具体行政行为的,写:

"一、撤销××××人民法院〔××××〕×行初字第××号行政判决;

二、撤销(或变更)××××(行政机关名称)××××年××月××日〔××××〕×××字第××号处罚决定(复议决定或其他具体行政行为);

三、……(写明二审法院改判结果的内容。如无需作出改判的,此项不写。)"

……(写明诉讼费用的负担)。】

本判决为终审判决。

审判长:×××
审判员:×××
审判员:×××
××××年××月××日
(院印)

本件与原本核对无异

书记员:×××

(二)说明

1. 本判决书样式供二审人民法院在收到当事人不服一审判决提起上诉的行政案件后,

按照第二审程序审理终结,就案件的实体问题依法作出维持原判或者改判的决定时使用。

2. 制作二审行政判决书,应当体现上诉审的特点,强调针对性和说服力。

3. 上诉案件当事人的称谓,写"上诉人"、"被上诉人",并用括号注明其在原审中的诉讼地位。原告、被告和第三人都提出上诉的,可并列为"上诉人"。当事人中一人或者部分人提出上诉,上诉后是可分之诉的,未上诉的当事人在法律文书中可以不列;上诉后仍是不可分之诉的、未上诉的当事人可以列为被上诉人、上诉案件当事人中的代表人、诉讼代理人等,分别在该当事人项下另起一行列项书写。

4. 判决书的事实部分,包括上诉争议的内容以及二审查明认定的事实和证据。书写上诉争议的内容时,要概括简练,抓住争议焦点,防止照抄原审判决书,上诉状和答辩状,但又要不失原意。二审查明认定的事实和证据,要根据不同类型的案件书写。如果原审判决事实清楚,上诉人亦无异议的,简要地确认原判认定的事实即可;如果原审判决认定事实清楚,但上诉人提出异议的,应对有异议的问题进行重点分析,予以确认;如果原审判决认定事实不清,证据不足,经二审查清事实后改判的,应具体叙述查明的事实和有关证据,予以澄清。

5. 判决书的理由部分,一定要有针对性和说服力,要注重事理分析和法理分析,回答上诉争议的主要问题,引出合乎逻辑的公正结论。二审判决所依据的法律条文,应分别引用行政诉讼法第六十一条(一)(二)(三)项的规定。其中全部改判或者部分改判的,除先引用行政诉讼法的有关条款外,还应同时引用改判所依据的实体法的有关条款。

6. 关于二审诉讼费用的负担,要区别情况作出决定。对驳回上诉,维持原判的案件,二审诉讼费用由上诉人承担;双方当事人都提出上诉的,由双方分担。对撤销原判,依法改判的案件,应同时对一、二两审的各项诉讼费用由谁负担,或者共同分担的问题作出决定,相应地变更一审法院对诉讼费用负担的决定。

7. 按本样式制作二审行政判决书时,注意参考一审行政判决书样式的说明。

八、行政裁定书

(一)样式

××××人民法院

行政裁定书

(二审发回重审用)

〔××××〕×行终字第××号

上诉人(原审××):……(写明姓名或名称等基本情况)。

被上诉人(原审××):……(写明姓名或名称等基本情况)。

(当事人及其他诉讼参加人的列项和基本情况的写法,与二审维持原判或改判用的行政判决书样式相同。)

上诉人××因……(写明案由)一案,不服××××人民法院〔××××〕×行初×字第××号行政判决,向本院提起上诉。本院依法组成合议庭,公开(或不公开)开庭审理了本案(未开庭的,写"本院依法组成合议庭,审理了本案")。

本院认为,……(简写发回重审的理由)。依照《中华人民共和国行政诉讼法》第六十一条第(三)项的规定裁定如下:

1. 撤销××××人民法院〔××××〕×行初字第××号行政判决;

2. 发回××××人民法院重审。

审判长：×××
审判员：×××
审判员：×××
××××年××月××日
（院印）

本件与原本核对无异

书记员：×××

（二）说明

1．本裁定书样式供第二审人民法院在收到当事人不服一审判决提起上诉的行政案件，按照第二审程序审理后，认为原判决事实不清，证据不足或者违反法定程序，决定撤销原判，发回原审法院重审时使用。

2．裁定书的正文部分，对于发回重审的理由，只需概括地指明原判决认定事实不清，证据不足，或者由于违反法定程序而可能影响正确判决。至于该案存在哪些具体问题应另行附函向重审法院具体指明。

第五章　局域网诉讼模拟实验

在本章的内容主要是结合模拟法庭演练的诉讼模拟操作系统软件——"法学模拟教学系统"中的"诉讼模拟教学系统"在局域网的环境下进行,在这个实验的过程中按照实验的内容分为诉讼程序练习实验和 3D 的庭审模拟实验两个部分,在人员的参与上对应的就是个人的实验和团队的实验两种。

第一节　诉讼模拟教学系统的介绍

一、系统整体构成

"诉讼模拟教学系统"的主要目标是实现刑事、民事、行政三大类诉讼的程序演练,同时也包括庭审环节的演练。本系统为教师提供了多个诉讼项目的演练素材,为学生提供了大量、丰富的法律法规资料。教师可对诉讼程序练习进行设置、管理、打分、查询等综合管理;可对模拟法庭练习进行设置、管理、分配组长、打分、查询等综合管理。学生可以分组或个人的形式,对诉讼程序练习进行演练、填写各类诉讼文书、提交作业等;对模拟法庭练习,可进行分组、新建法庭、分配角色等操作,然后可在"3D 模拟法庭教学系统"中进行模拟法庭演练习;可查

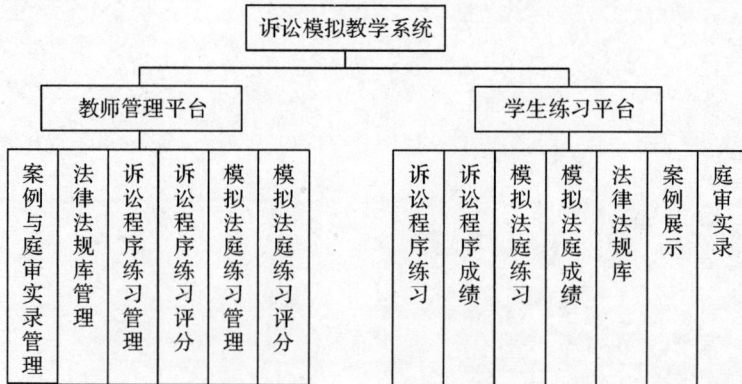

"诉讼模拟教学系统"功能模块结构图

116

看各法律法规资料、三大诉讼类型的案例及庭审实录;可查询作业成绩。

二、系统操作说明

(一)教师管理平台

"教师管理平台"的主要功能包括:案例与庭审实录管理、法律法规库管理、诉讼程序练习管理、诉讼程序评分、模拟法庭练习管理、模拟法庭评分。

进入法学模拟教学系统的登录界面,输入用户名、密码、验证码,点击"登陆"按钮,进入教师管理平台。

1. 案例与庭审实录管理

"案例与庭审实录管理"的主要功能是:新增、编辑、删除、查看民事诉讼、刑事诉讼、行政诉讼的"案例"和"庭审实录"信息。不同教师添加的信息,都可以共享管理与查看。在教师管理平台页面左侧点击"案例与庭审实录管理"按钮,就进入案例与庭审实录管理页面。进行上传或者编辑案例与庭审实录。

2. 法律法规库管理

在这个栏目中,主要是对法律法规库管理进行法律法规分类管理。可新增多级的法律法规类别目录,也可编辑、删除已有的法律法规类别。其中不同教师添加的信息,都可以共享管理与查看。按照类别进行排列的法律法规方便同学进行查询。

3. 诉讼程序练习管理

"诉讼程序练习管理"的主要功能是:学生信息批量管理、诉讼程序练习管理。

学生信息批量管理:可批量新增学生信息,也可编辑、删除已有的学生信息。

诉讼程序练习管理:可新增民事、行政和刑事诉讼练习题,也可编辑、删除已有的诉讼练习题。

4. 诉讼程序练习评分

"诉讼程序练习评分"的主要功能是:对学生已经提交的诉讼练习进行评分。

5. 模拟法庭练习管理

"模拟法庭练习管理"的主要功能是:新增、编辑、删除模拟法庭练习,并对以添加的模拟法庭练习分配组长。以供学生进行模拟庭审练习。

6. 模拟法庭练习评分

"模拟法庭练习评分"的主要功能是:对学生已经提交的模拟法庭练习进行评分。

(二)学生练习平台

"学生练习平台"的主要功能包括:进行诉讼程序练习、查看诉讼程序成绩、进行模拟法庭练习、查看模拟法庭成绩、法律法规库文件、案例展示、庭审实录。

进入法学模拟教学系统的登录界面，输入用户名、密码、验证码，点击"登陆"按钮，进入学生练习平台。

1. 诉讼程序练习

在学生练习平台页面左侧点击"诉讼程序练习"按钮，进入诉讼程序练习管理页面。然后按照所下达的练习题目进行诉讼程序的练习。

"诉讼程序练习"的主要功能是：以分组或个人的形式练习教师添加的民事、行政及刑事诉讼。

2. 模拟法庭练习

在学生练习平台页面左侧点击"模拟法庭练习"按钮，进入模拟法庭练习管理页面。

"模拟法庭练习"的主要功能是：模拟法庭庭审练习的准备。

基本步骤：组长选择组员→组长新建模拟法庭→进行角色分配→开启模拟法庭。

然后就可以让本组同学登陆"3D模拟法庭教学系统"，进行模拟法庭演练。演练完毕以后再上传模拟法庭视频，提交作业。

3. 诉讼程序成绩

"诉讼程序成绩"的主要功能是：查看本人的诉讼程序练习成绩及教师对该练习的评语。

在学生练习平台页面左侧点击"诉讼程序成绩"按钮，进入诉讼程序成绩查询页面。

4. 模拟法庭成绩

"模拟法庭成绩"的主要功能是：查看本人的模拟法庭练习成绩及教师对该练习的评语。

在学生练习平台页面左侧点击"模拟法庭成绩"按钮，进入模拟法庭成绩查询页面。

第二节　诉讼程序练习

一、选课学生管理

在教师端平台，在"诉讼程序练习管理"页面中点击"学生"按钮，进入选课学生管理页面，可批量"新增"学生信息，也可"编辑"、"删除"已有的学生信息。

1. 批量新增学生

在学生管理页面点击"新增"按钮,进入选课学生管理页面,操作"点击下载学生表导入样例"按钮,弹出下载窗口,将"学生表导入样例"下载到本地,参考其页面格式,把要导入的学生写入表中保存(如保存文件名:0412201班学生)。在选课学生管理页面,点击"浏览"按钮,选择本地文件(以"0412201班学生.×ls"为例),再选择导入类型(追加或覆盖)。选择好后,点击"添加"按钮,即可将学生信息添加至数据库,新添加的学生名称在"选课学生"一行列出。输入课程名(如:0412201班学生)。点击"保存"按钮,批量添加学生成功,系统自动返回到选课学生管理页面;也可点击"返回"按钮,放弃所进行的操作,返回到选课学生管理页面。

其中追加:在原来学生信息的基础上增加学生。覆盖:将新的学生信息覆盖原有的学生。一旦执行"覆盖"操作,原来的学生信息将丢失,请慎用。

2. 编辑选课学生

在选课学生管理页面,选中要修改的记录(在其前面的□中打钩(√)),点击"编辑"按钮,进入修改学生页面,可对"选课学生"、"课程名称"等进行更改选课学生框中显示的是原来有学生的名单,我们可以通过直接点击"选择学生"按钮,从系统已有的学生名单中选择学生;也可以添加新增学生进入系统:点击"浏览"按钮,选择好本地文件;在"导入类型"中,选择"追加"或"覆盖",点击"保存"按钮,选课学生信息修改成功,系统自动返回到选课学生管理页面;点击"返回"按钮,放弃所进行的更改,直接返回到选课学生管理页面。

3. 删除选课学生

在选课学生管理页面,选中要删除的课程学称(在其前面的□中打钩(√)),点击"删除"按钮,弹出确认对话框,点击"确定"按钮,即可从系统中删除选中的记录;点击"取消"按钮,则放弃"删除"操作。

二、诉讼程序练习管理

在教师端平台点击"诉讼程序练习管理"按钮;或在"选课学生管理"页面中点击"练习"按钮,均可进入诉讼程序练习管理页面。可"新增"民事、行政、刑事三大诉讼类练习题,也可"编辑"、"删除"已有的诉讼练习题。

1. 新增诉讼练习

在诉讼程序练习管理页面,点击"新增"按钮,进入新增诉讼练习页面,选择分类(三类:民事诉讼、行政诉讼和刑事诉讼)、案例名称(分为:自定义和具体案例名称),练习时间、截止日期、练习方式(二种:个人练习和组队练习,若是组队练习,请填写每组人数),填写答案数,点击"选课学生"按钮,弹出学生选择页面,选择相应学生或相应班级名称(在其前面的 □ 中打钩(√),如:"0412201"班学生"),点击"确定"按钮,学生选择成功,系统自动返回到新增诉讼练习页面。填写"其他要求"后,点击"保存"按钮,诉讼程序练习题新增成功,系统自动返回到诉讼程序练习管理页面;点击"返回"按钮,则放弃所进行的操作,亦返回到诉讼程序练习管理页面。

2. 编辑诉讼练习

在诉讼程序练习管理页面,选中要修改的诉讼练习(在其前面的 □ 中打钩(√)),点击"编辑"按钮,进入编辑诉讼练习页面,更改你想要修改的内容(具体操作参考:添加诉讼练习),然后点击"保存"按钮,诉讼程序练习题修改成功,系统自动返回到诉讼程序练习管理页面;点击"返回"按钮,则放弃所进行的更改,亦自动返回到诉讼程序练习管理页面。

3. 删除诉讼练习

在诉讼程序练习管理页面,选中要删除的诉讼练习(在其前面的 □ 中打钩(√)),点击"删除"按钮,弹出确认对话框,点击"确定"按钮,即可删除相应诉讼练习题。

4. 搜索诉讼练习

在诉讼程序练习管理页面的信息搜索区输入一条或多条搜索条件,点击"搜索"按钮,系统自动在页面上显示满足搜索条件的记录。

三、诉讼流程练习

在学生练习平台页面左侧点击"诉讼程序练习"按钮,进入诉讼程序练习管理页面。

在诉讼程序练习答题页面,选择要进行流程练习的练习(在其前面的 □ 中打钩(√)),然后点击"流程"按钮,进入流程练习。流程练习:分民事诉讼、行政诉讼和刑事诉讼三大类,其流程各不相同。

此处以"民事诉讼"为例,对流程的操作进行说明。

(一)程序种类选择

民事诉讼的流程界面如下图所示:

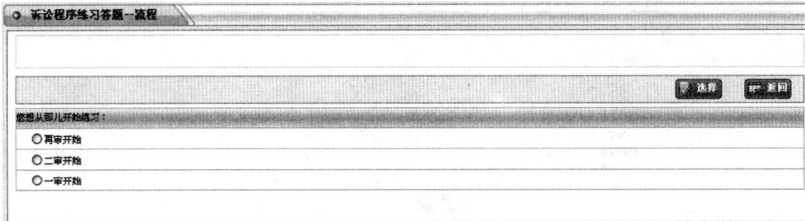

在此流程选择界面,选择你想从何处开始练习(在其前面的 ☐ 中打钩(√)),此例选择"一审开始",然后点击"选择"按钮,进入下一流程,如下图所示:

(二)流程选择

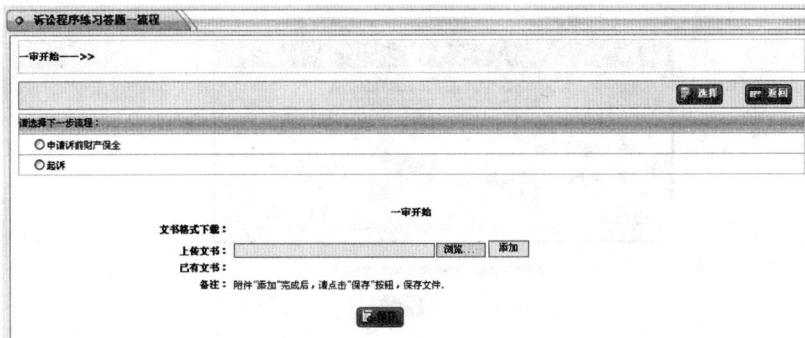

进行单项选择"起诉"或"申请诉前财产保全"后,点击"选择"按钮,进入下一流程(本例选择"起诉"),页面如下图所示:

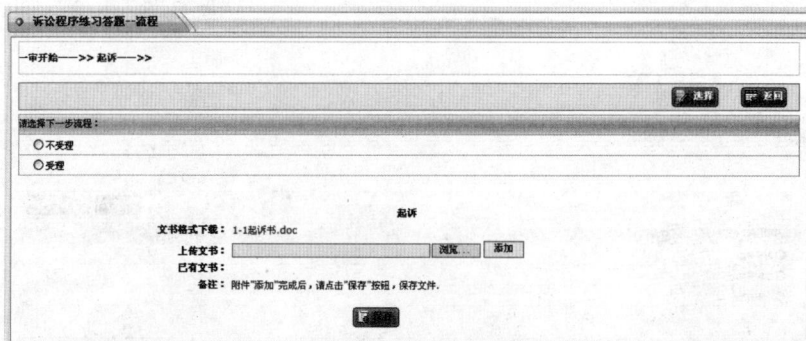

（三）文书选择

在流程练习过程中，可下载文书格式，也可上传文书，详见下面说明。

1. 下载文书格式

在流程选择页面下方，提供各种文书格式下载（如：起诉书、等）。点击要下载的文书标题（如上图中的：1-1 起诉书.doc），弹出下载窗口，如下图所示：

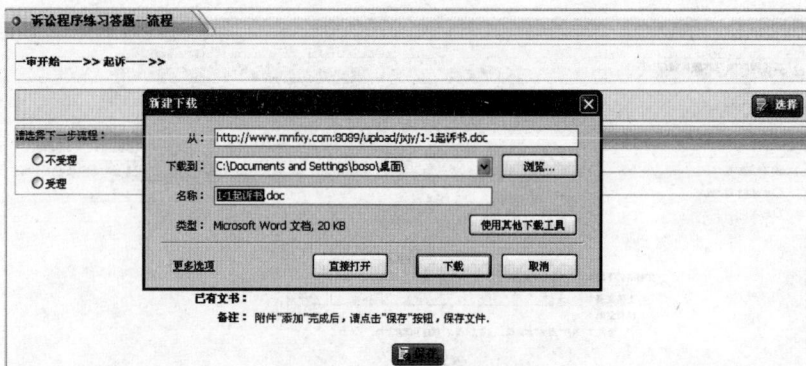

选择存放路径后，点击"下载"按钮，文书下载成功。

2. 上传文书

学生在进行诉讼流程练习的过程中，可通过上传功能，上传实验所需要的诉讼有关文书。

在流程选择页面，点击"浏览"按钮，弹出"选择文件"窗口，如下图所示：

选择要上传的文件后，点击"打开"按钮，文件路径显示在"上传文书"栏，点击"添加"按钮，可将文件上传至服务器，再点击"保存"按钮，文书保存成功。

（四）更改练习流程

要更改练习流程，请点击前一步骤的节点名称。如：要更改下图中的诉讼调解，请点击"普通程序"按钮，重新进入到"普通程序"下一步的流程选择界面，如下图所示：

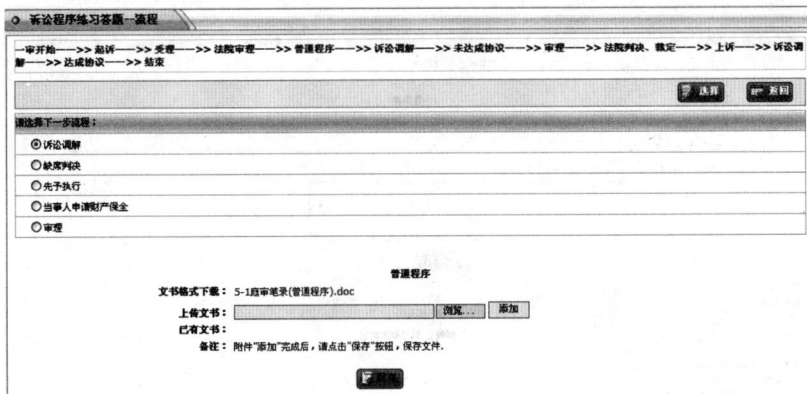

重新选择你想要更改的练习流程即可。

（五）作业提交

依次选择自己认为正确的诉讼流程（必要时，可下载、上传文书），直至最后一步（结束）。操作步骤如下：

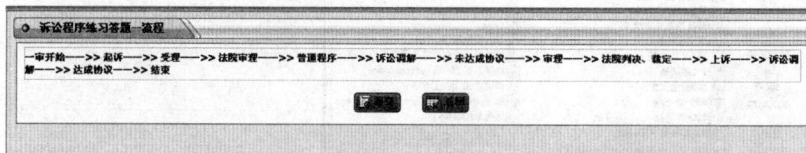

点击"提交"按钮，则将作业提交到教师管理平台的诉讼程序练习评分模块，教师可对其进行评分。

点击"返回"按钮，则作业未提交，系统自动返回到诉讼程序练习答题页面。

四、诉讼程序练习的评分

（一）程序练习的评分

在诉讼程序练习评分管理页面，选中要评分的记录（在其前面的 □ 中打钩（√）），点击"评分"按钮，进入诉讼程序练习评分页面，如下图所示：

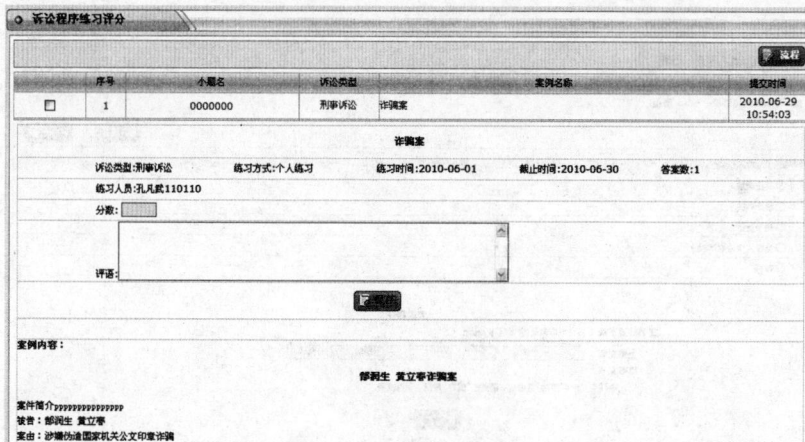

1. 查看流程

在诉讼程序练习评分页面，选中要查看流程的小题名（在其前面的 □ 中打钩（√）），点击"流程"按钮，进入流程查看页面，如下图所示：

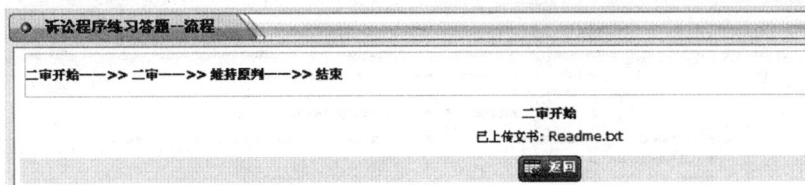

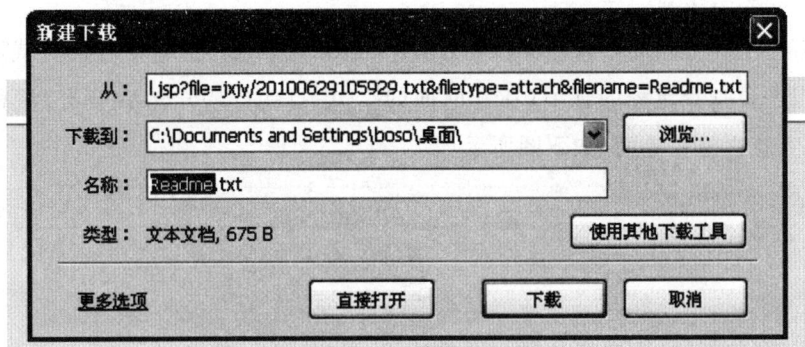

点击流程的每个节点可看到学生在练习过程中是否有上传文书，或有，则点击文件名称，可弹出下载窗口，页面如下图所示：

流程查看结果后，点击"返回"按钮，返回到诉讼程序练习评分页面。

2. 评分

在诉讼程序练习评分页面，输入"分数"及"评语"，点击"保存"按钮，完成评分操作，系统自动返回到诉讼程序练习评分管理页面。

（二）诉讼程序练习成绩查看

在学生练习平台页面左侧点击"诉讼程序成绩"按钮，进入诉讼程序成绩查询页面，在诉讼程序成绩查询页面，点击要查看的练习（在其前面的 □ 中打钩（√）），然后点击"明细"按钮，进入诉讼程序明细页面，可看到相应分数、评语。

五、诉讼程序成绩查阅

（一）成绩查询

在诉讼程序成绩查询页面，点击要查看的练习（在其前面的 □ 中打钩（√）），然后点击"明细"按钮，进入诉讼程序明细页面，如下图所示：

可看到相应分数、评语。

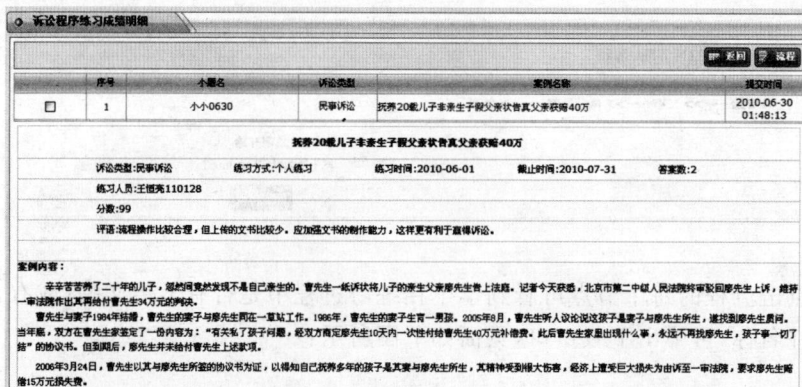

诉讼程序练习成绩明细　　　　　　　　　　　　　　　　　　　　　　　返回　流程

	序号	个案名	诉讼类型	案例名称	提交时间
☐	1	小小0630	民事诉讼	抚养20载儿子非亲生子假父亲状告真父索赔40万	2010-06-30 01:48:13

抚养20载儿子非亲生子假父亲状告真父索赔40万

诉讼类型:民事诉讼　　练习方式:个人练习　　练习时间:2010-06-01　　截止时间:2010-07-31　　答案数:2

练习人员:王恒秀110128

分数:99

评语:流程操作比较合理,但上传的文书比较少,应加强文书的制作能力,这样更有利于赢得诉讼。

案例内容:

辛辛苦苦养育了二十年的儿子,怎约间竟然发现不是自己亲生的。曹先生一纸诉状将儿子的亲生父亲廖先生告上法庭。记者今天获悉,北京市第二中级人民法院将审驳回廖先生上诉,维持一审法院不再给付曹先生34万元的判决。

曹先生与妻子1994年结婚,曹先生的妻子与廖先生同在一单位工作。1996年,曹先生的妻子生一男孩。2005年8月,曹先生听人议论说这孩子是妻子与廖先生所生,遂找到廖先生质问。当年底,双方在曹先生家签定了一份内容为:"有关私了孩子问题,经双方商定廖先生10天内一次性付给曹先生40万元补偿费。此后曹家里出现什么事,永远不再找廖先生,孩子事一切了结"的协议书。但到期后又并未给付曹先生上述款项。

2006年3月24日,曹先生以其与廖先生所签的协议书为证,以得知自己抚养多年的孩子是其真实与廖先生所生,其精神受到很大伤害,经济上遭受巨大损失为由诉至一审法院,要求廖先生赔偿15万元损失费。

(二)查看流程

若对于经批改的个人上交作业还存在疑问,可以通过查看流程的方式进行。首先点击要查看流程的练习(在其前面的 ☐ 中打钩(√)),然后点击"流程"按钮,进入查看流程界面,如下图所示:

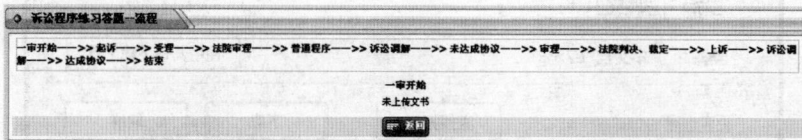

诉讼程序练习答题—流程

一审开始 ==>> 起诉 ==>> 受理 ==>> 法院审理 ==>> 普通程序 ==>> 诉讼调解 ==>> 未达成协议 ==>> 审理 ==>> 法院判决、裁定 ==>> 上诉 ==>> 诉讼调解 ==>> 达成协议 ==>> 结束

一审开始
未上传文书

返回

页面列出了学生选择的整个诉讼流程。点击任一节点,可查看到学生在练习过程中是否有上传文书,如果有上传,可点击文书名称,即弹出下载窗口,可将文书下载到本地查看。

第三节　模拟法庭练习

一、选课学生管理

由于本部分的功能与前面所提到的诉讼程序练习同属一个系统,列入诉讼程序练习的名单同时自动成为本练习的名单,因此在学生管理这个环节不需要重复操作。

二、模拟法庭练习管理

(一)新增模拟法庭练习

在模拟法庭练习管理页面,点击"新增"按钮,进入新增模拟法庭练习页面,如下图所示:

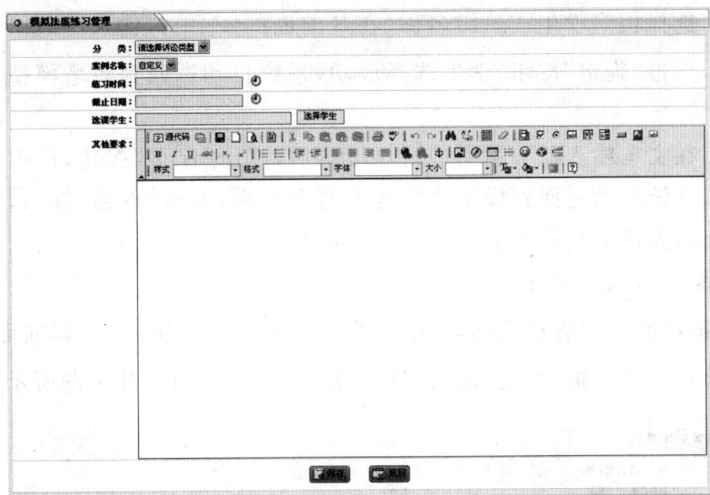

1. 选择分类。按照诉讼的三个种类：民事诉讼、行政诉讼和刑事诉讼做出选择即可。

2. 案例名称。分为自定义和具体案例两种，可以结合实验的要求选择具体的案例。

3. 练习时间、截止日期。这个部分主要是规定练习的起止时间。

4. 选课学生。本部分功能在于确定参与实验的具体的学生名单。

操作如下：首先，点击"选课学生"按钮，弹出学生选择页面，如下图所示：

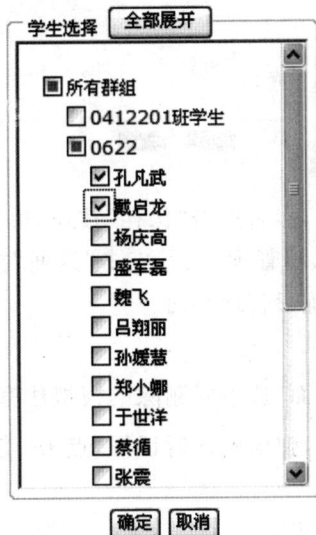

其次,选择相应学生或班级名称(在其前面的 □ 中打钩(√),如:"0412201班学生"),点击"确定"按钮,学生选择成功,系统自动返回到新增模拟法庭练习页面。

最后,在文本输入框中填写"其他要求"后,点击"保存"按钮,模拟法庭练习新增成功,系统自动返回到模拟法庭练习管理页面;点击"返回"按钮,则放弃所进行的操作,亦返回到模拟法庭练习管理页面。

(二)编辑模拟法庭练习

在模拟法庭练习管理页面,选中要修改的模拟法庭练习(在其前面的 □ 中打钩(√)),点击"编辑"按钮,进入编辑模拟法庭练习页面,如下图所示:

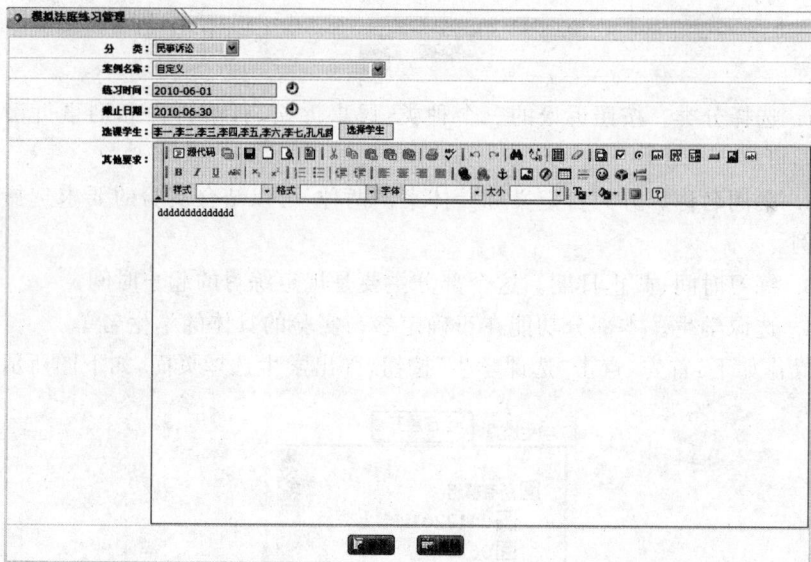

更改你想要修改的内容,然后点击"保存"按钮,模拟法庭练习题修改成功,系统自动返回到模拟法庭练习管理页面;点击"返回"按钮,则放弃所进行的更改,亦自动返回到模拟法庭练习管理页面。

(三)删除模拟法庭练习

在模拟法庭练习管理页面,选中要删除的模拟法庭练习(在其前面的 □ 中打钩(√)),点击"删除"按钮,弹出确认对话框,点击"确定"按钮,即可删除相应模拟法庭练习题。

(四)分组管理

分组管理的主要功能是:为本模拟法庭练习分配组长。

在模拟法庭练习管理页面,选中要分配组长的模拟法庭练习(在其前面的□中打钩(√)),点击"分配组长"按钮,进入模拟法庭分组管理页面,如下图所示:

1. 分配组长

在模拟法庭分组管理页面,点击"分配组长"按钮,弹出分配组长页面,如下图所示:

再点击"分配组长"按钮,弹出组长选择页面,如下图所示:

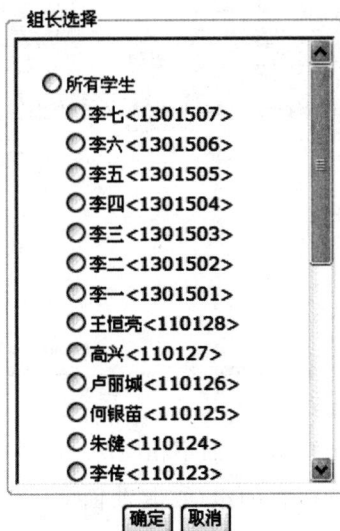

任选一个人为"组长"(在其前面的 □ 中打钩(√)),点击"确定"按钮,系统自动返回到分配组长页面,所选的组长显示在页面上,如下图所示:

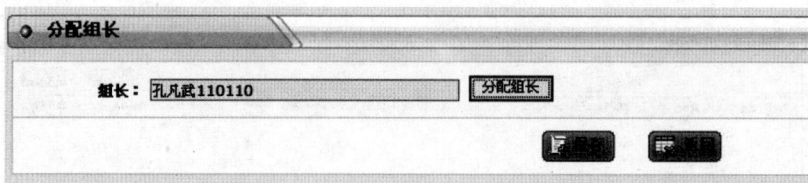

点击"保存"按钮,组长分配成功,系统自动返回到模拟法庭分组管理页面;若点击"返回"按钮,则放弃分配组长,系统亦返回到模拟法庭分组管理页面。

可以按照具体的选课人数确定组长的个数。

2. 删除组长

在模拟法庭分组管理页面,选择已分配的组长(在其前面的 □ 中打钩(√)),点击"删除"按钮,弹出确认对话框,点击"确定"按钮,则组长删除成功。

三、模拟法庭练习

(一)分组

在模拟法庭练习管理页面,选择要进行分组的练习案例(在其前面的 □ 中打钩(√)),点击"分组"按钮,进入模拟法庭练习分组管理页面,如下图所示:

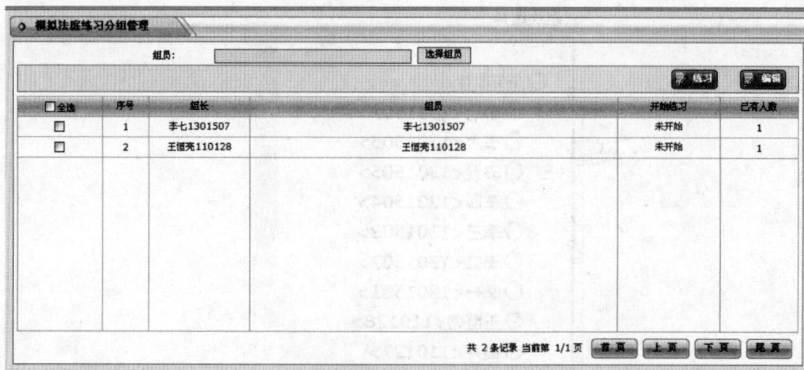

学生权限根据身份(组长/组员)而不相同。

1. 组长:组长选择自己所在的组(在其前面的 □ 中打钩(√)),然后点击"编辑"按钮,进入分组编辑页面,如下图所示:

130

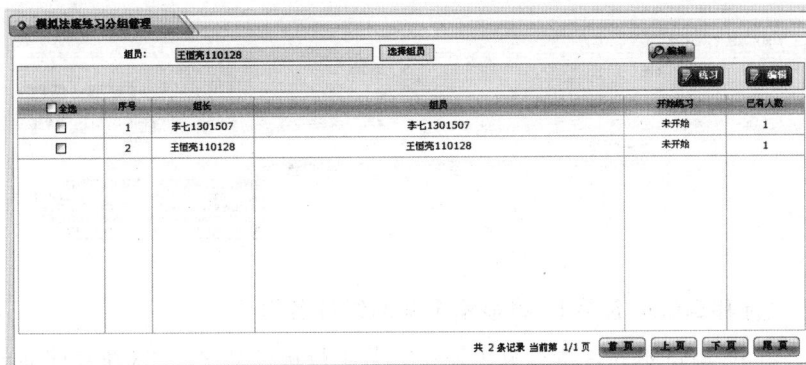

点击"选择组员"按钮,弹出组员选择对话框,如下图所示:

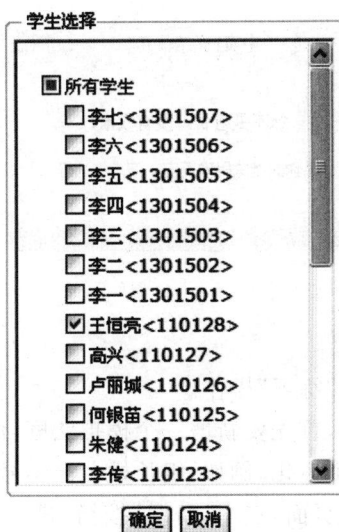

选择相应学生名称(在其前面的 □ 中打钩(√)),然后点击"确定"按钮,返回到分组编辑页面,在"组员"框中,可看到新增加的成员,如下图所示:

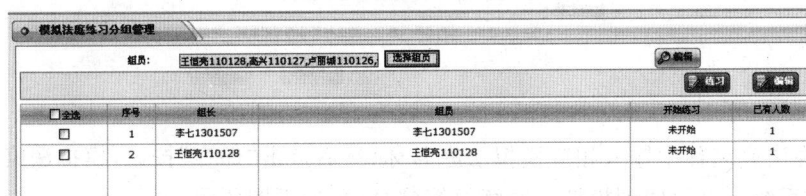

点击"编辑"按钮,则组员选择成功,在组员列表中,可看到组员名单,如下图所示:

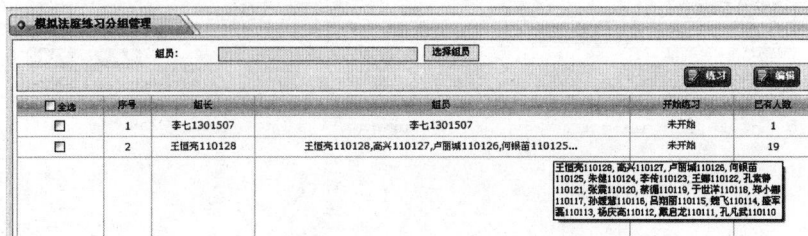

将鼠标移到组员名单上,将显示全部的组员名称。

2. 组员:组员不允许执行分组操作。若组员选择某一小组(在其前面的□中打钩(√)),然后点击"编辑"按钮,则出现如下提示信息:

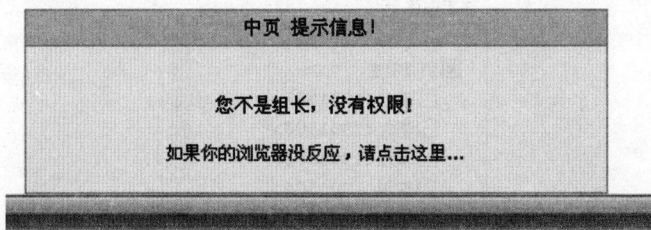

(二)练习之前的准备

1. 新增模拟法庭

只有组长才可以执行"练习"操作。

进行模拟法庭演练前,首先要新增一个模拟法庭,命名时注意要和其他练习小组区别开来,尽量名字个性化,例如:组长姓名+学号+练习日期。

在模拟法庭练习答题页面,点击"新增"按钮,进入新增模拟法庭页面,如下图所示:

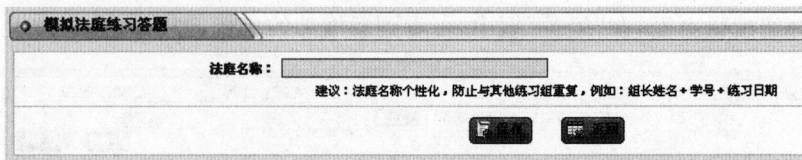

在法庭名称中输入相应模拟法庭名称,然后点击"保存"按钮,模拟法庭新增成功,系统自动返回到模拟法庭练习答题页面,如下图所示:

2. 选择案例

教师在模拟法庭练习管理中,新增的练习案例分为指定案例与由用户自定义两种,以自定义案例为例,在"模拟法庭练习答题"页面,所有内容为空,如下图所示:

点击"新增"按钮,进入模拟法庭及练习案例的具体页面,如下图所示:

输入"法庭名称"、"案例名称",在文本编辑框中输入具体"案例内容"后,点击"保存"按钮,则"模拟法庭"及"案例"都添加成功,系统自动返回到"模拟法庭练习答题"页面,如下图所示:

点击案例名称具体链接,进"查看"详细信息页面,如下图所示:

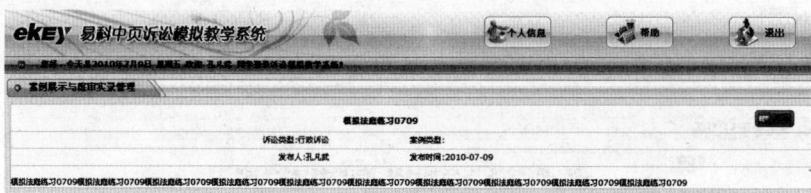

3. 编辑模拟法庭

选中要更改的模拟法庭(在其前面的 □ 中打钩(√)),点击"编辑"按钮,进入编辑界面,修改完后,点击"保存"按钮即可。

4. 删除模拟法庭

选中要删除的模拟法庭(在其前面的 □ 中打钩(√)),点击"删除"按钮,弹出确认对话框,点击"确定"按钮,练习小组删除成功。

5. 角色分配

在要进行角色分配的模拟法庭处,点击"角色管理"按钮,进入角色分配页面,如下图所示:

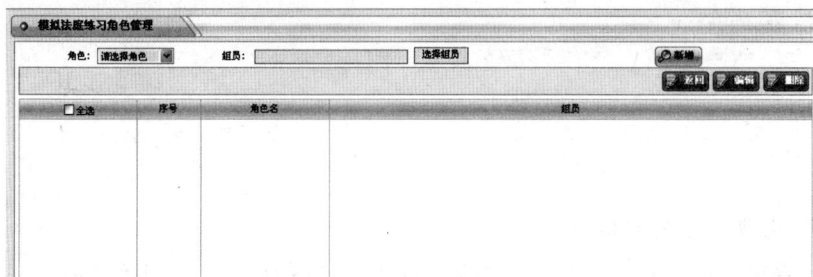

在角色下拉框中，选择要分配的角色名（如：审判长），然后点击"选择组员"按钮，弹出人员选择对话框，如下图所示：

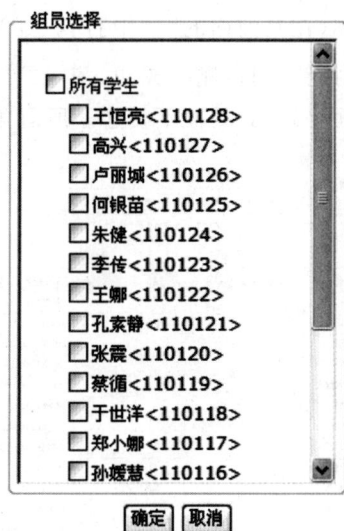

选择某一组员名称，如"孔凡武"（在其前面的 □ 中打钩（√）），点击"确定"按钮，系统自动返回到分配组员页面，组员框中列出刚选择的学生名称（本例为：孔凡武），如下图所示：

再次点击"新增"按钮，则审判长角色分配成功，界面如下：

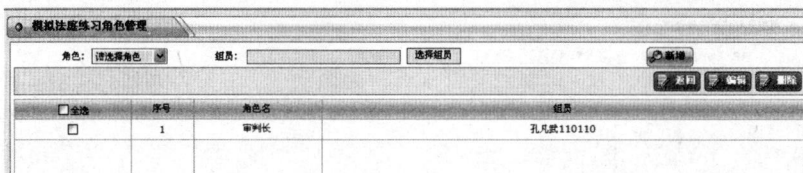

6. 更改已分配的角色

选择要更改的角色名称(在其前面的 ☐ 中打钩(√)),点击"编辑"按钮,重新进入角色编辑页面,更改相应内容(详见角色分配),更改好后,点击上面的"编辑"按钮即可。

7. 删除角色

选择要更改的角色名称(在其前面的 ☐ 中打钩(√)),点击"删除"按钮,弹出确认对话框,点击"确认"按钮,角色删除成功。

其他角色的分配与上面一致,此处概不赘述。所有角色分配完的界面如下:

点击"返回"按钮,返回到模拟法庭练习答题页面,如下图所示:

为了与"3D 模拟法庭教学系统"的模拟法庭客户端相一致,各角色的人数分配须满足一些限制条件。例如,在民事(行政)诉讼中:

角　色	人数上限	选择限制
审判长	1个	必选
书记员	1个	必选
审判员/陪审员	0/2个	可选
原告	最多2个	必选
原告代理人	最多2个	可选
第三人	最多2个	可选
被告	最多2个	必选
被告代理人	最多2个	可选
证人	最多1个	可选
翻译人员	最多1个	可选
鉴定人员	最多1个	可选
观众	多个	可选

8. 开启模拟法庭

默认情况下,模拟法庭是关闭的,要进行模拟法庭演练,必须先开启模拟法庭。在要开启的模拟法庭处,点击"法庭关闭"按钮,法庭状态即变为"法庭开启",此时,各角色可登陆模拟法庭客户端,进行模拟法庭演练。界面如下图所示:

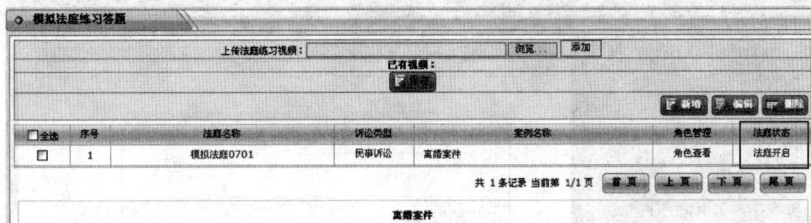

9. 关闭模拟法庭

若不需要进行模拟法庭演练,可将模拟法庭关闭。在要关闭的模拟法庭处,点击"法庭开启"按钮,法庭状态变为"法庭关闭",此时,模拟法庭客户端将不再出现此法庭。

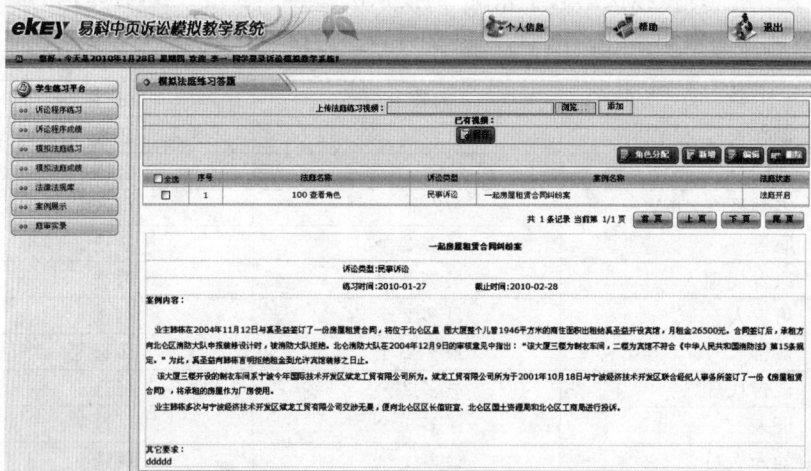

"法庭开启之后"即可进入模拟法庭 3D 练习。

（三）模拟 3D 演练操作

（四）提交模拟法庭作业

用户登录模拟法庭客户端后，在模拟法庭选择界面，点击右下角"上传文件"按钮，即可弹出上传文件对话框，如下图所示：

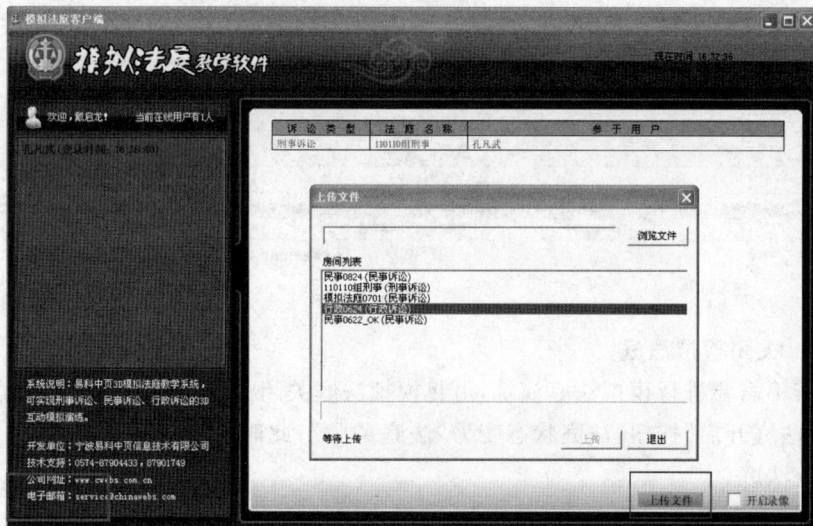

在弹出的窗口中，从房间列表中选择具体房间名称[如：行政 0624（行政诉讼）]；然后点击"浏览文件"按钮，弹出文件选择对话框，如下图所示：

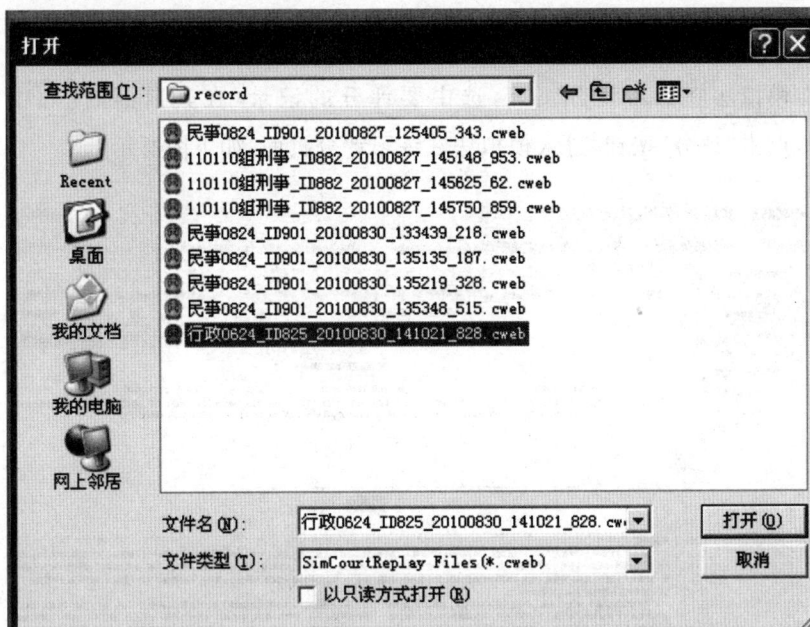

在文件存放路径选中要上传的文件，然后点击"打开"按钮，即可将文件选中。

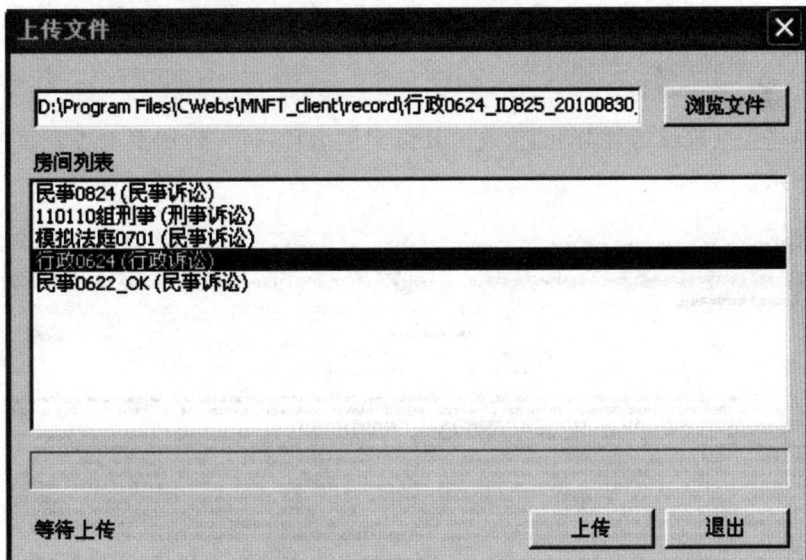

在"上传文件"窗口，点击"上传"按钮，即可上传文件，完成模拟法庭作业的提交，提交后的作业会自动在教师平台显示，以供教师进行评阅。

四、练习评分

在模拟法庭练习评分页面,选中要评分的记录(在其前面的 □ 中打钩(√)),点击"评分"按钮,进入模拟法庭练习评分页面,如下图所示:

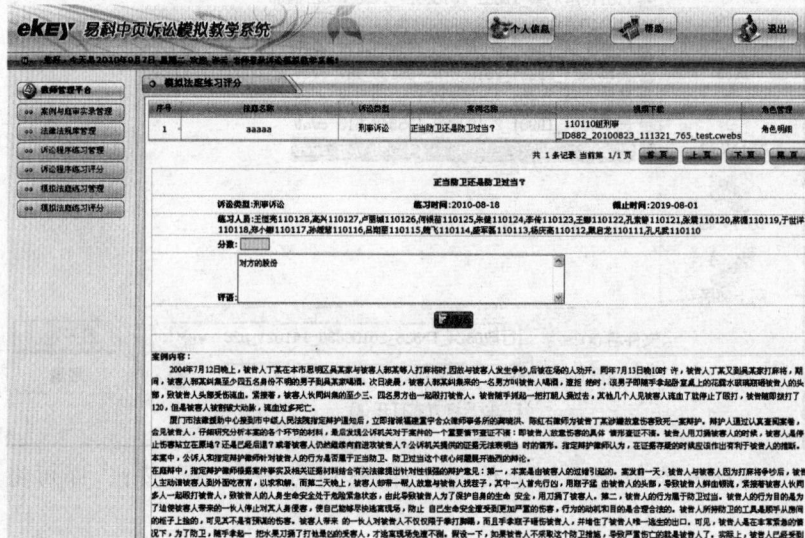

此页面显示有:模拟法庭名称、诉讼类型、案例名称等,可查看具体案例内容、角色分配信息、下载视频等。

(一)查看案例内容

在模拟法庭练习评分页面,点击具体案例名称,进入详细案例查看页面,如下图所示:

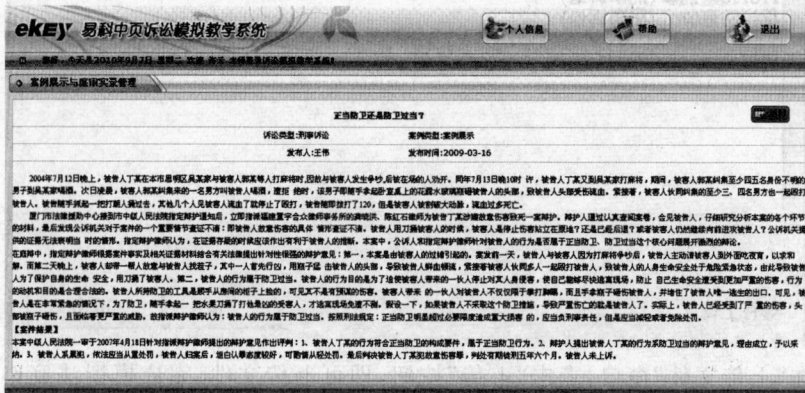

（二）查看角色分配

在模拟法庭练习评分页面,点击"角色明细"按钮,进入查看角色页面,可查看具体的角色分配信息,如下图所示:

（三）下载视频

在模拟法庭练习评分页面,在"视频下载"处点击具体视频名称,弹出视频下载窗口,将视频下载到本地计算机上即可。

（四）视频回放

"视频回放"需安装相应的播放软件,我们会在提供安装程序并帮助您安装好以便正常使用。只需按系统提示一步步安装下去即可。

打开视频文件有两种方法,现分别对其进行介绍。

方法一:直接双击视频文件即可。

方法二:打开播放软件,点击"浏览文件"按钮,在弹出的对话框中,选择要播

直接双击相应的视频文件即可。

行政
0624_ID825_20100830_141021_828.cwebs

放的视频文件,然后点击"打开文件"按钮即可。

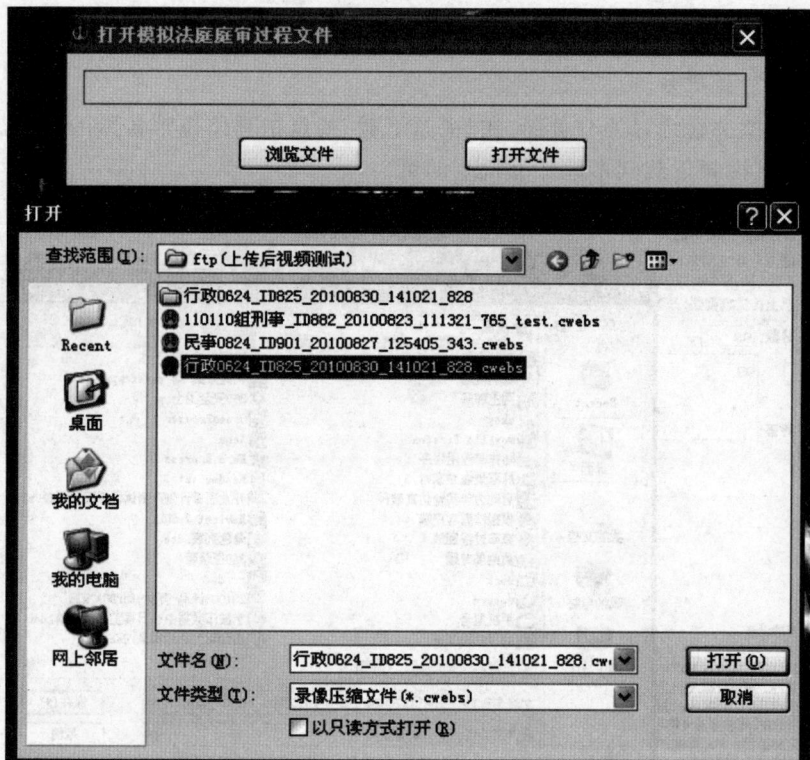

（五）评分

在模拟法庭练习评分页面,输入"分数"及"评语",点击"保存"按钮,完成评分操作,系统自动返回到模拟法庭练习评分管理页面。

五、模拟法庭成绩

(一)查看分数及评语

在模拟法庭成绩列表页面,点击要查看的练习(在其前面的 ☐ 中打钩(√)),然后点击"明细"按钮,进入模拟法庭评分页面,如下图所示:

可看到相应分数、评语。

点击具体"案例名称",可查看具体案例内容。

(二)查看模拟法庭作业

点击"视频下载"处的视频标题,弹出下载窗口,可将视频下载到本地观看。

第六章　诉讼程序练习

　　本实验注重对学生在诉讼程序在审判这个环节上的了解与掌握,力求通过本实验的操作来熟悉与了解一般审判环节的基本流程,同时需要让参与实验的学生掌握对应程序的相关文书的写作。

第一节　实验准备

一、选课学生管理

　　在"诉讼程序练习管理"页面中点击"学生"按钮,进入选课学生管理页面,可批量"新增"学生信息,也可"编辑"、"删除"已有的学生信息。页面如下图所示:

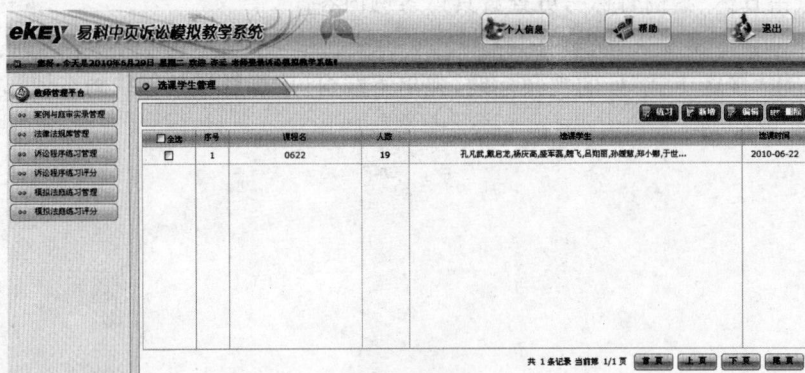

　　(一)批量新增学生
　　在学生管理页面点击"新增"按钮,进入选课学生管理页面,如下图所示:

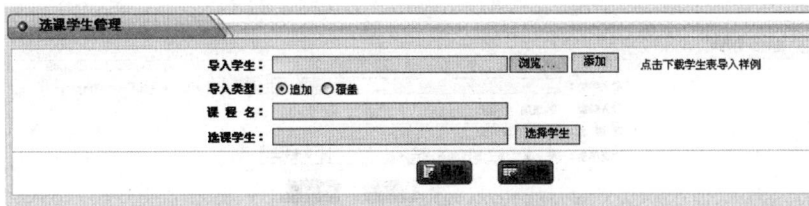

操作"点击下载学生表导入样例"按钮，弹出下载窗口，如下图所示：

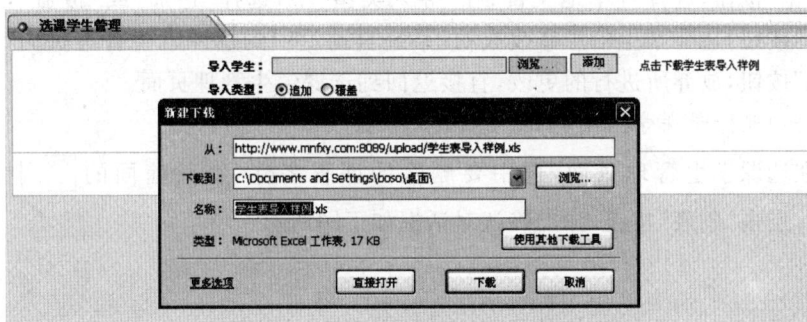

将"学生表导入样例"下载到本地，参考其页面格式，把要导入的学生写入表中保存（如保存文件名：0412201班学生）。在选课学生管理页面，点击"浏览"按钮，选择本地文件（以"0412201班学生．×ls"为例），再选择导入类型（追加或覆盖）。选择好后，点击"添加"按钮，即可将学生信息添加至数据库，新添加的学生名称在"选课学生"一行列出。输入课程名（如：0412201班学生）。点击"保存"按钮，批量添加学生成功，系统自动返回到选课学生管理页面；也可点击"返回"按钮，放弃所进行的操作，返回到选课学生管理页面。

其中追加是指在原来学生信息的基础上增加学生。而覆盖是指将新的学生信息覆盖原有的学生。

（二）编辑选课学生

在选课学生管理页面，选中要修改的记录（在其前面的 □ 中打钩（√）），点击"编辑"按钮，进入修改学生页面，可对"选课学生"、"课程名称"等进行更改，页面如下图所示：

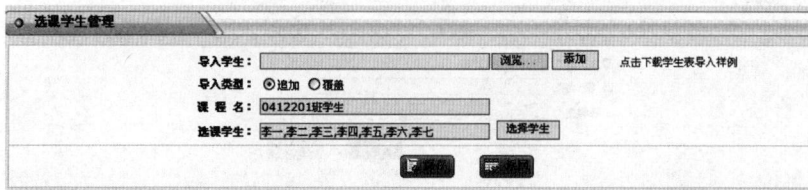

选课学生框中显示的是原来有学生的名单，我们可以通过直接点击"选择学生"按钮，从系统已有的学生名单中选择学生；也可以添加新增学生进入系统：点击"浏览"按钮，选择好本地文件；在"导入类型"中，选择"追加"或"覆盖"，点击"保存"按钮，选课学生信息修改成功，系统自动返回到选课学生管理页面；点击"返回"按钮，放弃所进行的更改，直接返回到选课学生管理页面。

（三）删除选课学生

在选课学生管理页面，选中要删除的课程名称（在其前面的 ☐ 中打钩（√）），点击"删除"按钮，弹出确认对话框如下图所示：

点击"确定"按钮，即可从系统中删除选中的记录；点击"取消"按钮，则放弃"删除"操作。

二、诉讼程序练习管理

在教师端平台点击"诉讼程序练习管理"按钮；或在"选课学生管理"页面中点击"练习"按钮，均可进入诉讼程序练习管理页面。可"新增"民事、行政、刑事三大诉讼类练习题，也可"编辑"、"删除"已有的诉讼练习题。页面如下图所示：

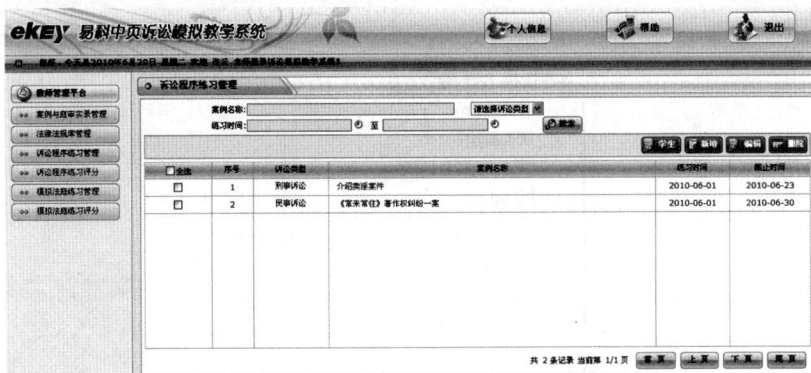

（一）新增诉讼练习

在诉讼程序练习管理页面,点击"新增"按钮,进入新增诉讼练习页面,如下图所示:

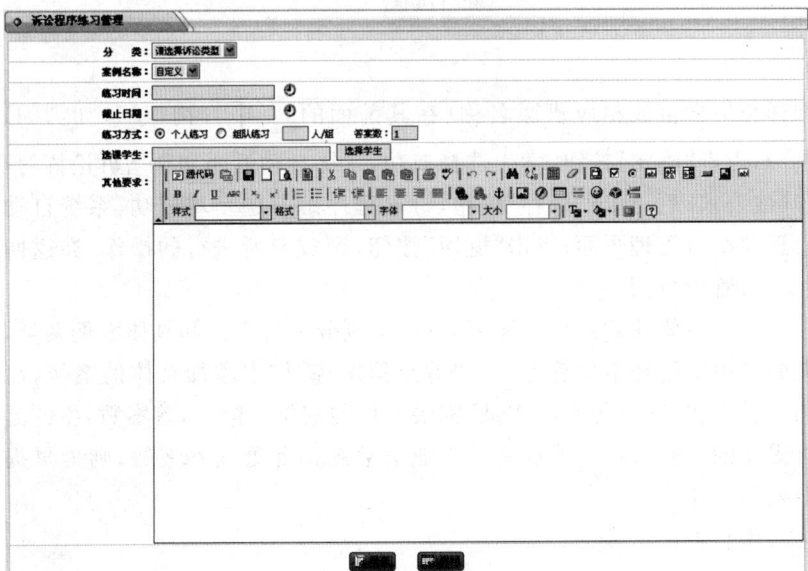

选择分类(三类:民事诉讼、行政诉讼和刑事诉讼)、案例名称(分为:自定义和具体案例名称),练习时间、截止日期、练习方式(二种:个人练习和组队练习,若是组队练习,请填写每组人数),填写答案数,点击"选课学生"按钮,弹出学生选择页面,如下图所示:

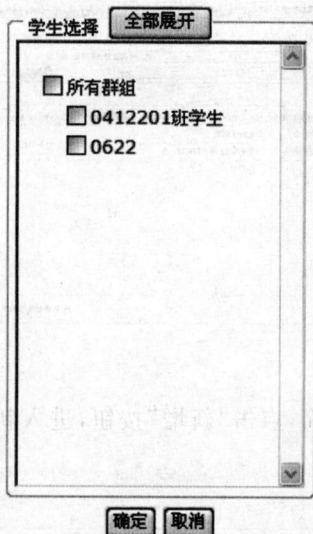

选择相应学生或相应班级名称（在其前面的 ☐ 中打钩（√），如："0412201班学生"），点击"确定"按钮，学生选择成功，系统自动返回到新增诉讼练习页面。填写"其他要求"后，点击"保存"按钮，诉讼程序练习题新增成功，系统自动返回到诉讼程序练习管理页面；点击"返回"按钮，则放弃所进行的操作，亦返回到诉讼程序练习管理页面。

在本部分需要注意：第一，案例名称：案例分为自定义和具体案例两类，其中自定义的可由学生在学生练习平台"诉讼程序练习"中添加具体的案例，而具体案例的由教师在"案例与庭审实录"模块添加的案例。第二，答案数：指的是学生最多可提交的作业份数。若提交的作业份数超出此处的答案数，则最早提交的作业会被覆盖掉。

（二）编辑诉讼练习

在诉讼程序练习管理页面，选中要修改的诉讼练习（在其前面的 ☐ 中打钩（√）），点击"编辑"按钮，进入编辑诉讼练习页面，如下图所示：

更改你想要修改的内容（具体操作参考：添加诉讼练习），然后点击"保存"按钮，诉讼程序练习题修改成功，系统自动返回到诉讼程序练习管理页面；点击"返回"按钮，则放弃所进行的更改，亦自动返回到诉讼程序练习管理页面。

148

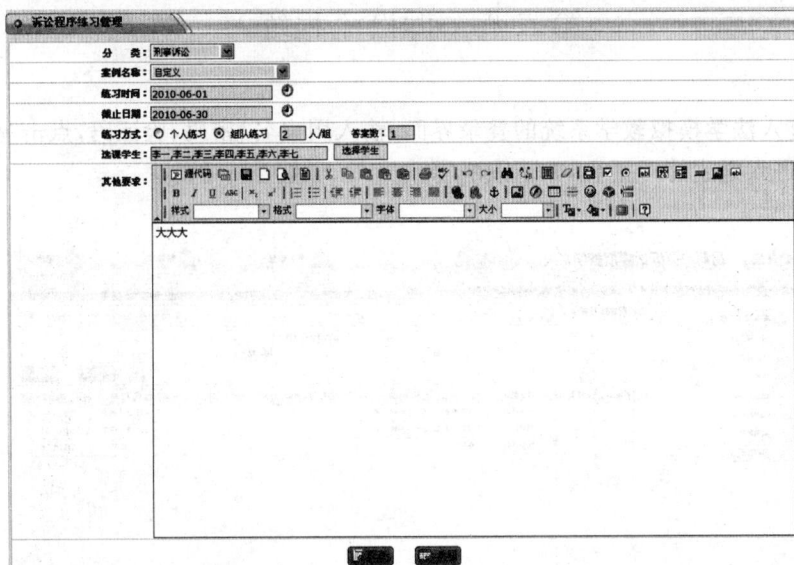

（三）删除诉讼练习

在诉讼程序练习管理页面，选中要删除的诉讼练习（在其前面的 □ 中打钩（√）），点击"删除"按钮，弹出确认对话框，如下图所示：

点击"确定"按钮，即可删除相应诉讼练习题。

（四）搜索诉讼练习

在诉讼程序练习管理页面的信息搜索区输入一条或多条搜索条件，点击"搜索"按钮，系统自动在页面上显示满足搜索条件的记录。

第二节　诉讼流程练习

进入法学模拟教学系统的登录界面,输入用户名、密码、验证码,点击"登录"按钮,进入学生练习平台,如下图所示:

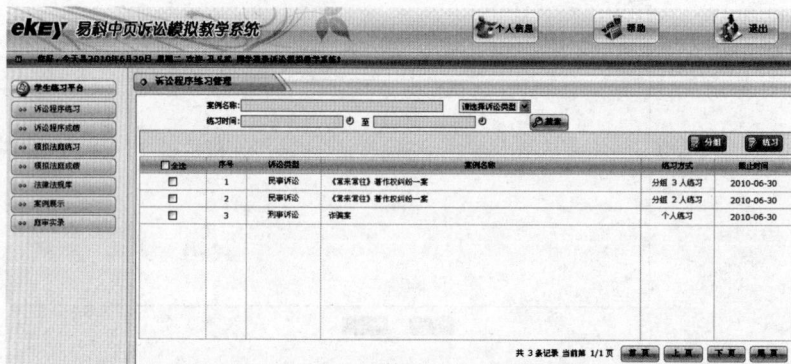

在学生练习平台页面左侧点击"诉讼程序练习"按钮,进入诉讼程序练习管理页面。

一、选择诉讼类型

在"诉讼程序练习"的界面选择要做练习的诉讼种类,(在其前面的 ☐ 中打钩(√))如图所示,选择再点击"练习"按钮,就进入诉讼程序的练习。如下图:

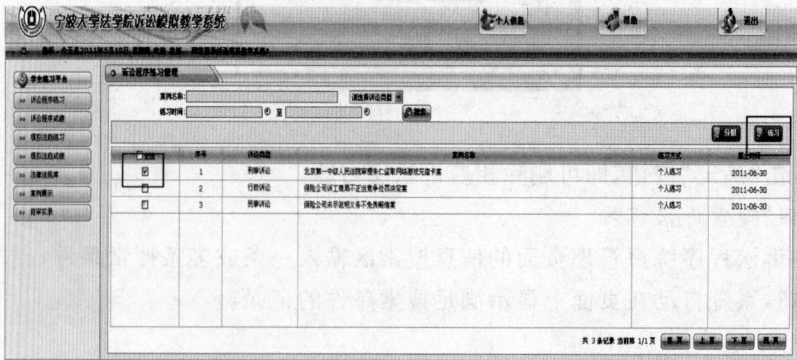

150

二、练习

（一）选择接着再点击"练习"按钮，就进入诉讼程序的练习

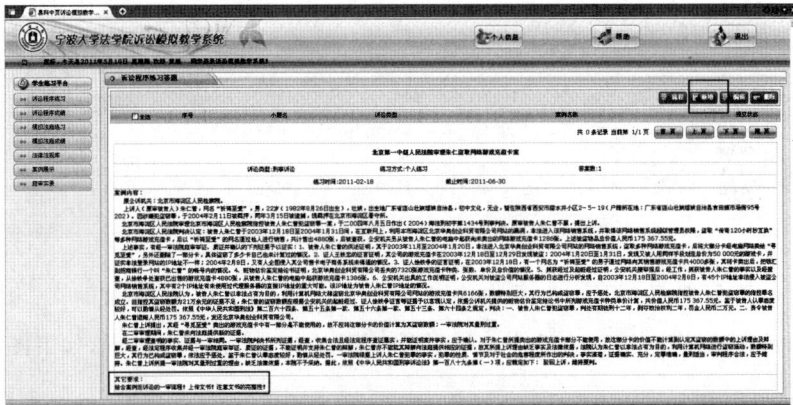

在这个界面中就是关于这个练习的案例素材和做该练习的要求。

（二）建立练习作业名称

如上图所示在界面的右上角点击"新增"按钮，即进入"诉讼程序练习答题"界面。如下图：

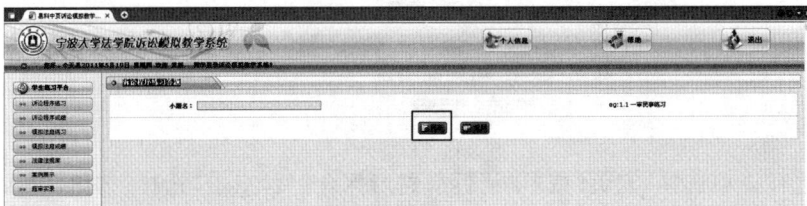

然后再小标题栏中按照提示为自己的练习命名。点击"保存"按钮，然后就返回了如下图表示的界面，在这个界面中点击"流程"按钮，即进入"诉讼程序练习答题的流程练习"界面。

（三）开始诉讼流程练习

此处以"民事诉讼"为例，对流程的操作进行说明。民事诉讼的流程界面如下图所示：

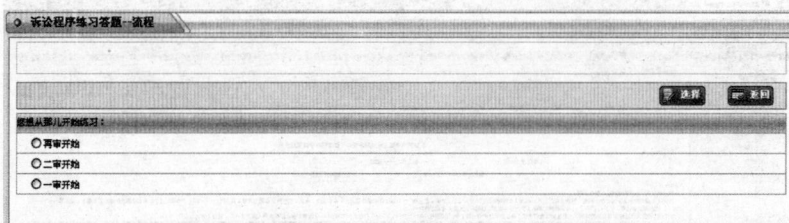

在此流程选择界面，选择你想从何处开始练习（在其前面的 □ 中打钩（√）），此例选择"一审开始"，然后点击"选择"按钮，进入下一流程，如下图所示：

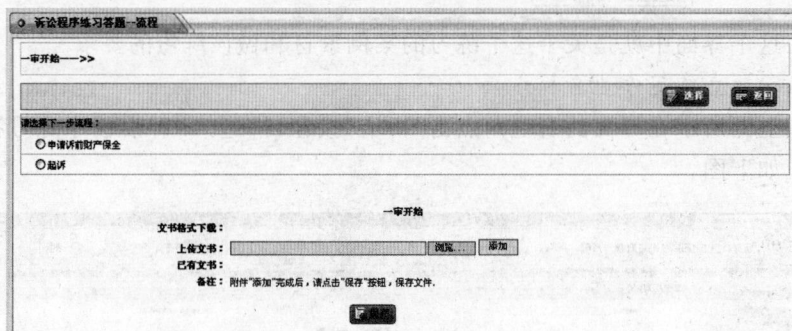

进行单项选择"起诉"或"申请诉前财产保全"后，点击"选择"按钮，进入下一流程（本例选择"起诉"），页面如下图所示：

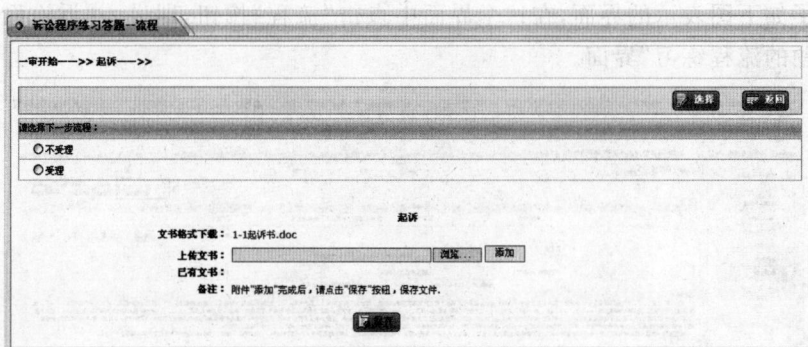

(四)诉讼文书上传

在流程练习过程中,可下载文书格式,也可上传文书,详见下面说明。

1. 下载文书格式

在流程选择页面下方,提供各种文书格式下载(如:起诉书、等)。点击要下载的文书标题(如上图中的:1-1起诉书.doc),弹出下载窗口,如下图所示:

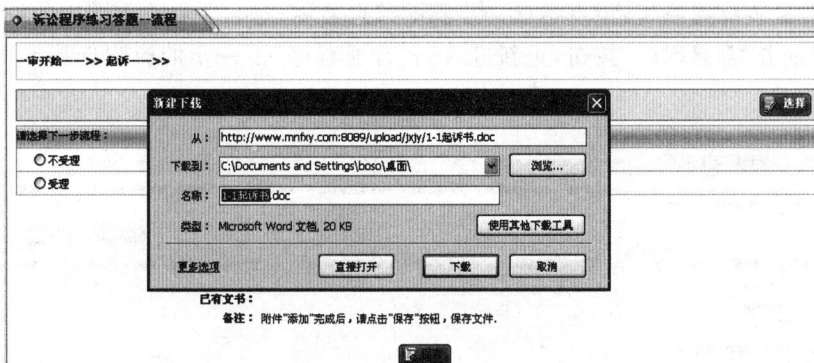

选择存放路径后,点击"下载"按钮,文书下载成功。学生可仔细研究已下载的文书,为以后制作法律文书打下坚实的基础。

2. 上传文书

学生在进行诉讼流程练习的过程中,可通过上传功能,上传司法仲裁文书、提交证明材料等。

在流程选择页面,点击"浏览"按钮,弹出"选择文件"窗口,如下图所示:

选择要上传的文件后,点击"打开"按钮,文件路径显示在"上传文书"栏,点击"添加"按钮,可将文件上传至服务器,再点击"保存"按钮,文书保存成功。

文件"浏览"、选择"添加"后,请记得一定要操作"保存"按钮,否则提交的作业中将看不到上传的文件。

(五)更改练习流程

要更改练习流程,请点击前一步骤的节点名称。如:要更改下图中的诉讼调解,请点击"普通程序"按钮,重新进入到"普通程序"下一步的流程选择界面,如下图所示:

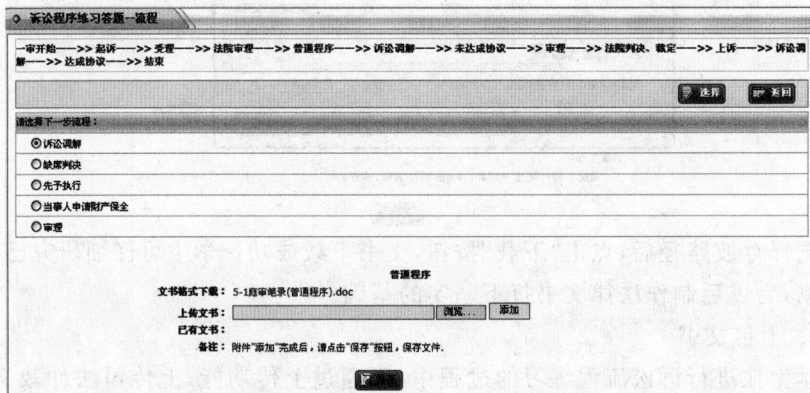

重新选择你想要更改的练习流程即可。

依次选择自己认为正确的诉讼流程(必要时,可下载、上传文书),直至最后一步。本例作者的操作步骤如下:

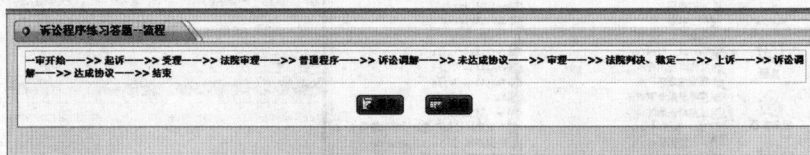

点击"提交"按钮,则将作业提交到教师管理平台的诉讼程序练习评分模块,教师可对其进行评分。

点击"返回"按钮,则作业未提交,系统自动返回到诉讼程序练习答题页面。

作者可重新选择练习小组,进入流程练习页面,可继续进行流程练习。

第七章　3D 模拟庭审练习

第一节　实验前的准备

一、模拟法庭练习管理

在教师管理平台点击"模拟法庭练习管理"按钮,在教师管理平台页面左侧点击"模拟法庭练习管理"按钮,进入模拟法庭练习管理页面,如下图所示:

进入模拟法庭练习管理页面。可"新增"、"编辑"、"删除"模拟法庭练习题。

（一）新增模拟法庭练习

在模拟法庭练习管理页面,点击"新增"按钮,进入新增模拟法庭练习页面,如下图所示:

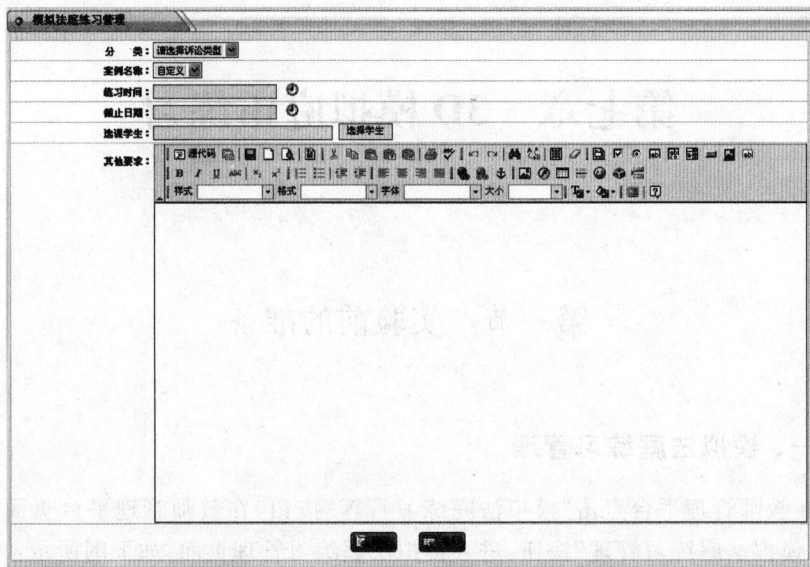

　　选择分类（三类：民事诉讼、行政诉讼和刑事诉讼）、案例名称（分为：自定义和具体案例名称），练习时间、截止日期，点击"选课学生"按钮，弹出学生选择页面，如下图所示：

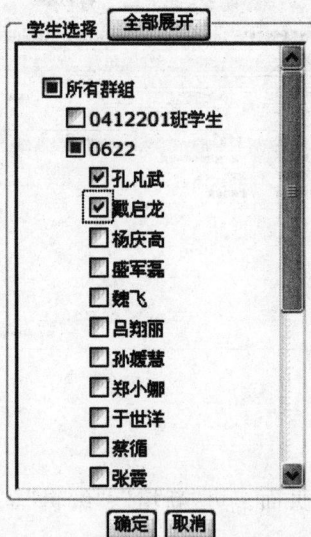

　　选择相应学生或班级名称（在其前面的□中打钩（√），如："0412201班学生"），点击"确定"按钮，学生选择成功，系统自动返回到新增模拟法庭练习页面。

在文本输入框中填写"其他要求"后,点击"保存"按钮,模拟法庭练习新增成功,系统自动返回到模拟法庭练习管理页面;点击"返回"按钮,则放弃所进行的操作,亦返回到模拟法庭练习管理页面。

(二)编辑模拟法庭练习

在模拟法庭练习管理页面,选中要修改的模拟法庭练习(在其前面的□中打钩(√)),点击"编辑"按钮,进入编辑模拟法庭练习页面,如下图所示:

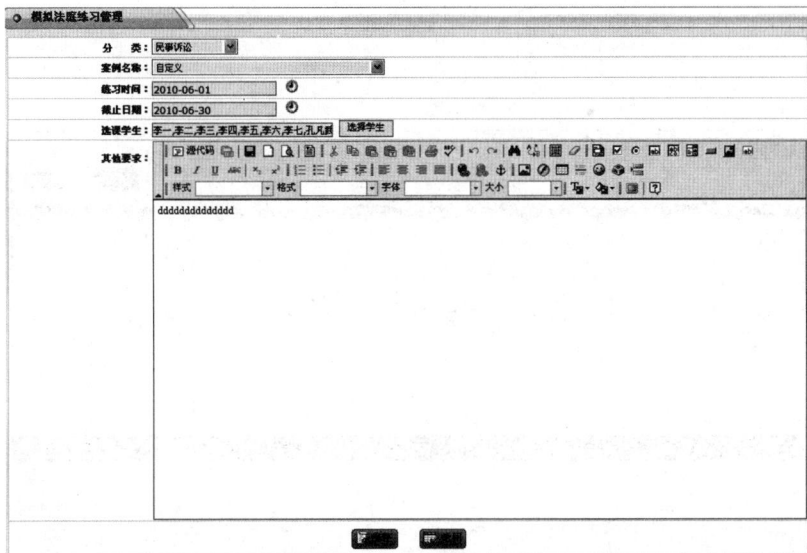

更改你想要修改的内容,然后点击"保存"按钮,模拟法庭练习题修改成功,系统自动返回到模拟法庭练习管理页面;点击"返回"按钮,则放弃所进行的更改,亦自动返回到模拟法庭练习管理页面。

(三)删除模拟法庭练习

在模拟法庭练习管理页面,选中要删除的模拟法庭练习(在其前面的□中打钩(√)),点击"删除"按钮,弹出确认对话框,如下图所示:

点击"确定"按钮,即可删除相应模拟法庭练习题。

二、分组管理

分组管理的主要功能是:为本模拟法庭练习分配组长。在"学生练习平台",由组长选择组员、新建模拟法庭、分配角色、开启/关闭模拟法庭等操作。

在模拟法庭练习管理页面,选中要分配组长的模拟法庭练习(在其前面的□中打钩(√)),点击"分配组长"按钮,进入模拟法庭分组管理页面,如下图所示:

(一)分配组长

在模拟法庭分组管理页面,点击"分配组长"按钮,弹出分配组长页面,如下图所示:

再点击"分配组长"按钮,弹出组长选择页面,如下图所示:

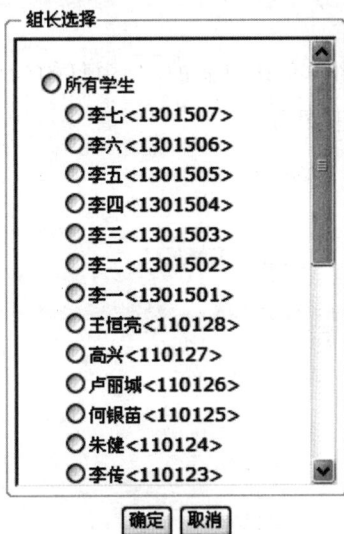

任选一个人为"组长"(在其前面的 □ 中打钩(√)),点击"确定"按钮,系统自动返回到分配组长页面,所选的组长显示在页面上,如下图所示:

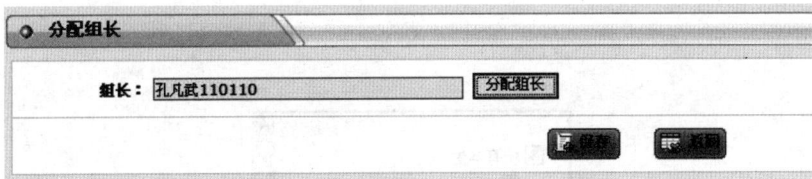

点击"保存"按钮,组长分配成功,系统自动返回到模拟法庭分组管理页面;若点击"返回"按钮,则放弃分配组长,系统亦返回到模拟法庭分组管理页面。

按照选课同学的人数,组长可以选多个。

(二)删除组长

在模拟法庭分组管理页面,选择已分配的组长(在其前面的 □ 中打钩(√)),点击"删除"按钮,弹出确认对话框,如下图所示:

点击"确定"按钮,则组长删除成功。

(三)确定组员

组长选择自己所在的组(在其前面的 ☐ 中打钩(√)),然后点击"编辑"按钮,进入分组编辑页面,如下图所示:

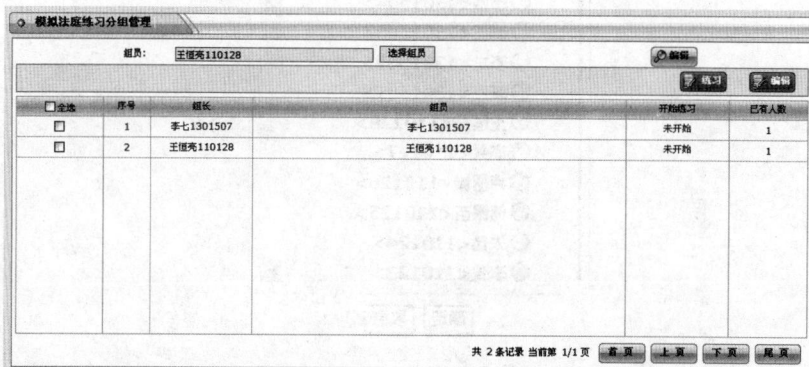

点击"选择组员"按钮,弹出组员选择对话框,如下图所示:

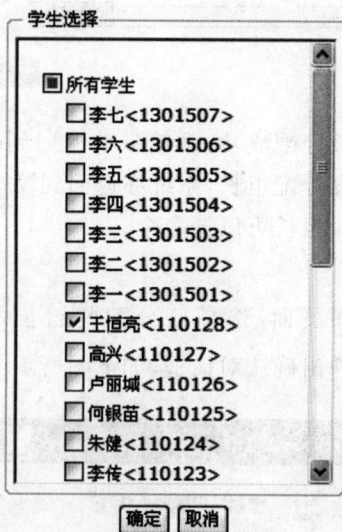

选择相应学生名称(在其前面的 □ 中打钩(√)),然后点击"确定"按钮,返回到分组编辑页面,在"组员"框中,可看到新增加的成员,如下图所示:

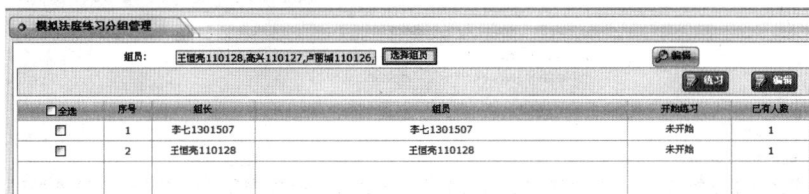

点击"编辑"按钮,则组员选择成功,在组员列表中,可看到组员名单,如下图所示:

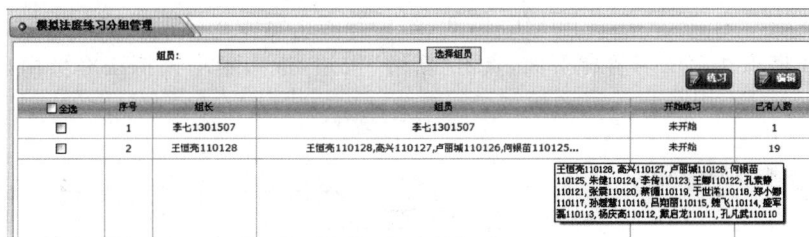

将鼠标移到组员名单上,将显示全部的组员名称。

在选择组员的人选时候应该注意:

第一,只有组长才可以进行选择组员操作。

第二,组长只可以选择自己所在组的成员,而不能对其他组进行操作。

第三,模拟法庭的开启条件是只要求"审判长"和"书记员"存在即可,但为使模拟法庭能正常演练下去,建议相应的组员数不少于 6 个。

三、法庭开启前的准备

(一)选择练习种类

组长在模拟法庭分组管理页面,选择要进行练习的小组(在其前面的 □ 中打钩(√)),点击"练习"按钮,进入模拟法庭练习答题页面,如下图所示:

模拟法庭练习答题

上传法庭练习视频：　　　　　　　浏览...　添加

已有视频：

新增　编辑　删除

全选　序号　　法庭名称　　诉讼类型　　诉讼类型　　案例名称　　角色管理　法庭状态

共 0 条记录 当前第 1/1 页　首页　上页　下页　尾页

离婚案件

诉讼类型:民事诉讼

练习时间:2010-07-01　截止时间:2010-08-31

案例内容:

原告:冯英,女。

被告:肖峻,男。

第三人:刘刑华,肖峻母亲。

原告冯英与被告肖峻结婚。婚前被告有主房三间、偏房两间及一间简易房屋。原、被告双方婚后一直居住其中两间。后来，肖峻的父亲去世，当时收礼金6800元。被告父亲去世后，原、被告仍居住在原住两间房屋内，与被告家人一直未进行分析，也未就这些遗产问题进行任何协商处理。后来，肖峻向法院起诉与冯英离婚，审理中冯英以肖峻为被告、以刘刑华为第三人向X人民法院起诉，要求分割财产及8800元礼金。该院依法裁定终止离婚案的审理。

原告冯英诉称：肖峻的6间房屋是肖峻与其父母在X年共同建造的，肖峻婚后离其中两间。我与肖峻结婚已满6年，这两间房应作为夫妻共同财产，分我一间。X年肖峻父亲去世，肖峻应继承这产一间房，这一间也应分给我一半。肖峻父亲去世时，家中收有礼金6800元，应分我2286元。

被告肖峻答辩称：家中房屋是我父母建造的，与我无关。我也未对父亲尽责，所以我没有继承。至于礼金问题我不清楚，也与我无关。

第三人刘刑华述称：家中房屋是我X年建造，当时肖峻尚在上学，没有他的份额。肖峻父亲去世时收的礼金，我今后还要还清，不存在分割问题。

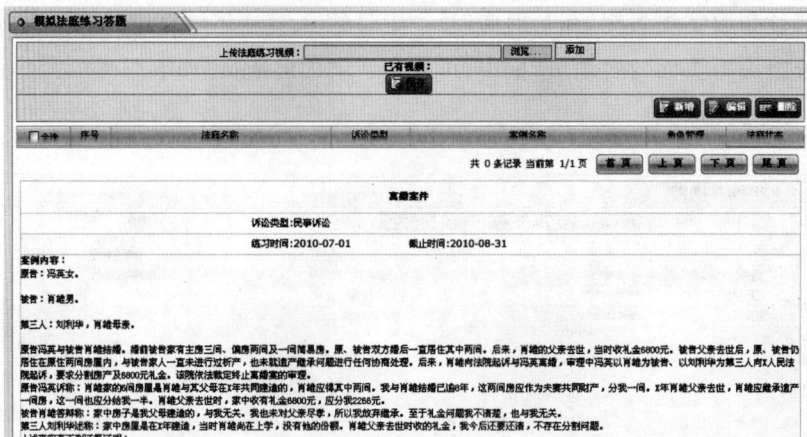

可"新增"、"编辑"、"删除"模拟法庭，可进行角色分配、开启模拟法庭等操作。

(二)新增模拟法庭

进行模拟法庭演练前，首先要新增一个模拟法庭，命名时注意要和其他练习小组区别开来，尽量名字个性化，例如:组长姓名＋学号＋练习日期。

在模拟法庭练习答题页面，点击"新增"按钮，进入新增模拟法庭页面，如下图所示:

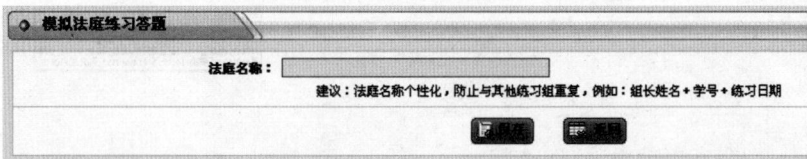

模拟法庭练习答题

法庭名称：　　　　　　　　　　

建议:法庭名称个性化，防止与其他练习组重复，例如:组长姓名＋学号＋练习日期

保存　返回

在法庭名称中输入相应模拟法庭名称，然后点击"保存"按钮，模拟法庭新增成功，系统自动返回到模拟法庭练习答题页面，如下图所示:

模拟法庭练习答题

上传法庭练习视频：　　　　　　　浏览...　添加

已有视频：

新增　编辑　删除

全选　序号　　法庭名称　　诉讼类型　　案例名称　　角色管理　法庭状态

□　1　　模拟法庭0701　　民事诉讼　离婚案件　　角色管理　法庭关闭

共 1 条记录 当前第 1/1 页　首页　上页　下页　尾页

离婚案件

诉讼类型:民事诉讼

练习时间:2010-07-01　截止时间:2010-08-31

案例内容:

原告:冯英,女。

（三）选择案例

若教师在模拟法庭练习管理中，案例名称这栏可以分为指定案例和自定义案例两种。以自定义案例为例，新增的练习案例由用户自定义，则"模拟法庭练习答题"页面，所有内容为空，如下图所示：

点击"新增"按钮，进入模拟法庭及练习案例的具体页面，如下图所示：

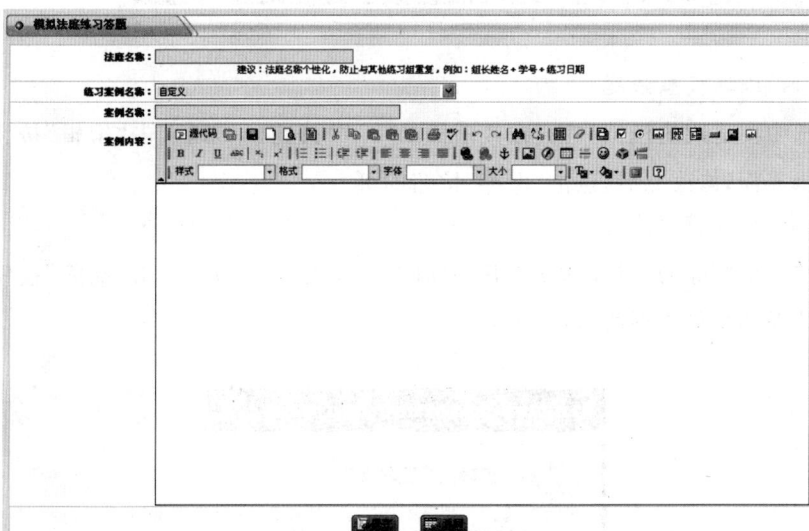

输入"法庭名称"、"案例名称"，在文本编辑框中输入具体"案例内容"后，点击"保存"按钮，则"模拟法庭"及"案例"都添加成功，系统自动返回到"模拟法庭练习答题"页面，如下图所示：

点击案例名称具体链接,进"查看"详细信息页面,如下图所示:

(四)编辑模拟法庭

选中要更改的模拟法庭(在其前面的 □ 中打钩(√)),点击"编辑"按钮,进入编辑界面,修改完后,点击"保存"按钮即可。

(五)删除模拟法庭

选中要删除的模拟法庭(在其前面的 □ 中打钩(√)),点击"删除"按钮,弹出确认对话框如下图所示:

点击"确定"按钮,练习小组删除成功。

（六）角色分配

在要进行角色分配的模拟法庭处，点击"角色管理"按钮，进入角色分配页面，如下图所示：

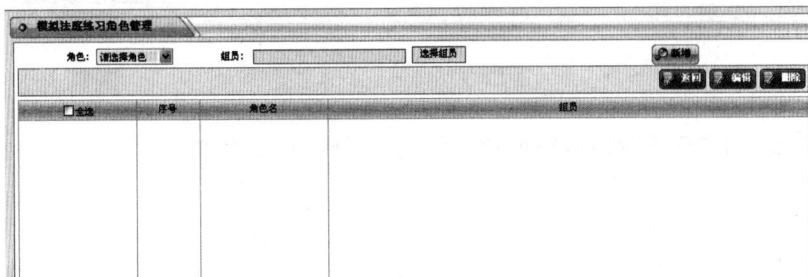

在角色下拉框中，选择要分配的角色名（如：审判长），然后点击"选择组员"按钮，弹出人员选择对话框，如下图所示：

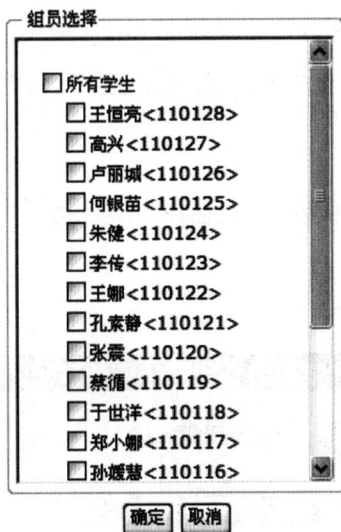

选择某一组员名称，如"孔凡武"（在其前面的 □ 中打钩（√）），点击"确定"按钮，系统自动返回到分配组员页面，组员框中列出刚选择的学生名称（本例为：孔凡武），如下图所示：

再次点击"新增"按钮,则审判长角色分配成功,界面如下:

（七）更改已分配的角色

选择要更改的角色名称(在其前面的□中打钩(√)),点击"编辑"按钮,重新进入角色编辑页面,更改相应内容(详见角色分配),更改好后,点击上面的"编辑"按钮即可。

（八）删除角色

选择要更改的角色名称(在其前面的□中打钩(√)),点击"删除"按钮,弹出确认对话框,如下图所示:

点击"确认"按钮,角色删除成功。其他角色的分配与上面一致,此处概不赘述。所有角色分配完的界面如下:

点击"返回"按钮,返回到模拟法庭练习答题页面,如下图所示:

四、模拟法庭的开启与关闭

（一）开启

默认情况下,模拟法庭是关闭的,要进行模拟法庭演练,必须先开启模拟法庭。在要开启的模拟法庭处,点击"法庭关闭"按钮,法庭状态即变为"法庭开启",此时,各角色可登陆模拟法庭客户端,进行模拟法庭演练。界面如下图所示:

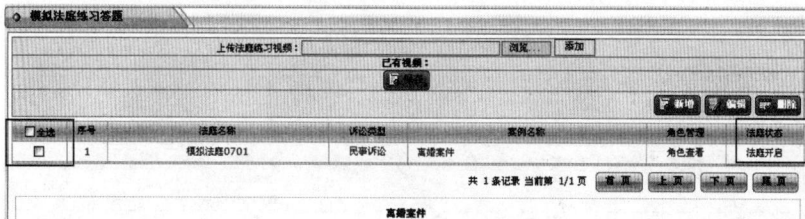

（二）关闭

若不需要进行模拟法庭演练，可将模拟法庭关闭。在要关闭的模拟法庭处，点击"法庭开启"按钮，法庭状态变为"法庭关闭"，此时，模拟法庭客户端将不再出现此法庭。

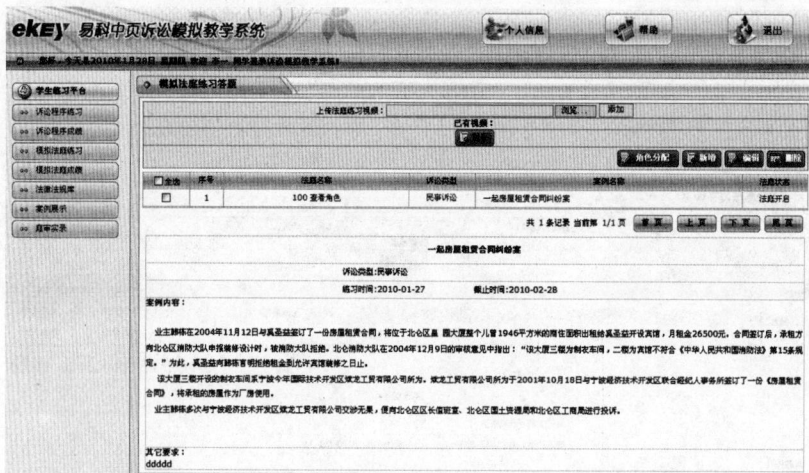

"法庭开启之后"即可进入模拟法庭 3D 练习。

第二节　3D 模拟庭审实验操作

一、客户端的安装

登录"法学模拟教学系统"页面，选择"3D 模拟法庭"，然后在页面右侧点击下载"模拟法庭客户端"。

168

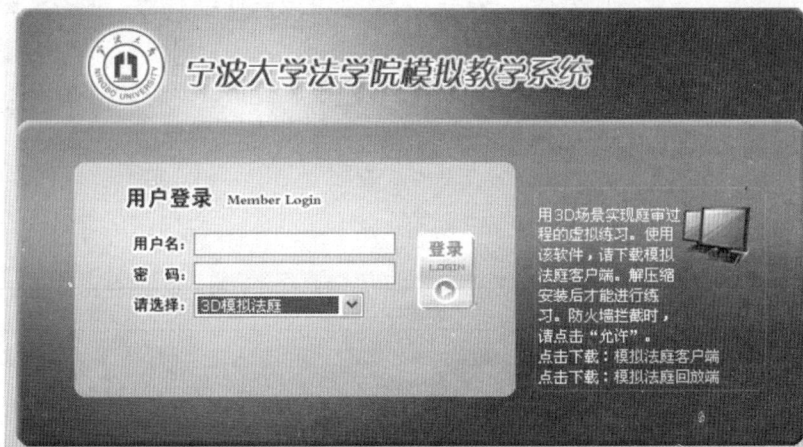

将"模拟法庭客户端"下载到本地后,双击安装文件,按提示操作,直至安装成功。

安装成功标志有两种,下面分别对其进行介绍:

标志一:桌面上会生成"模拟法庭客户端"的快捷方式,如下图所示:

标志二：在电脑的"开始"程序中会出现"模拟法庭客户端"，如下图所示：

"模拟法庭客户端"安装成功后，须安装相应的驱动程序，才能正常录制视频。

在"开始"程序"模拟法庭客户端"中点击"添加删除 Access2007 驱动"，即弹出驱动程序的安装界面，按提示一步步操作下去，即可安装成功。

二、系统功能说明

(一)角色及其功能

"3D 模拟法庭教学系统"角色列表及功能

子系统名	诉讼类型	庭审角色	最多人数	操作功能键
学生平台	民事诉讼 行政诉讼	书记员	1	1. "宣布法庭纪律"、"法官进场"、"质证"(原告→被告→审判长)、"质证"(被告→原告→审判长)、"全体显示"、"全体消失"、"全体起立"、"全体坐下"、"退庭" 2. 公共功能键(详见公共功能说明表)
		审判长	1	1. "宣布开庭"、"法庭调查"、"法庭辩论"、"法庭调解"、"休庭"、"恢复"、"宣判"、"敲法槌" 2. 公共功能键(详见公共功能说明表)
		审判员(陪审员)	2	公共功能键(详见公共功能说明表)
		原告	2	公共功能键(详见公共功能说明表)
		原告代理人	2	公共功能键(详见公共功能说明表)
		原告方第三人	1	公共功能键(详见公共功能说明表)
		被告	2	公共功能键(详见公共功能说明表)
		被告代理人	2	公共功能键(详见公共功能说明表)
		被告方第三人	1	公共功能键(详见公共功能说明表)
		证人	1	公共功能键(详见公共功能说明表)
		鉴定人员	1	公共功能键(详见公共功能说明表)
		翻译人员	1	公共功能键(详见公共功能说明表)
		观众席	多个	查看"角色列表"、查看"流程记录"

"3D模拟法庭教学系统"角色列表及功能

子系统名	诉讼类型	庭审角色	最多人数	操作功能键
学生平台	刑事诉讼	书记员	1	1."宣布法庭纪律"、"法官进场"、"质证"(公诉人→辩护人→审判长)、"质证"(辩护人→公诉人→审判长)、"全体显示"、"全体消失"、"全体起立"、"全体坐下"、"退庭" 2.公共功能键(详见公共功能说明表)
		审判长	1	1."宣布开庭"、"法庭调查"、"法庭辩论"、"法庭调解"、"被害人最后陈述"、"休庭"、"恢复"、"宣判"、"敲法槌" 2.公共功能键(详见公共功能说明表)
		审判员(陪审员)	2	公共功能键(详见公共功能说明表)
		公诉人	3	公共功能键(详见公共功能说明表)
		被害人	2	公共功能键(详见公共功能说明表)
		辩护人	4	公共功能键(详见公共功能说明表)
		被告	2	公共功能键(详见公共功能说明表)
		证人	1	公共功能键(详见公共功能说明表)
		鉴定人员	1	公共功能键(详见公共功能说明表)
		翻译人员	1	公共功能键(详见公共功能说明表)
		观众席	多个	查看"角色列表"、查看"流程记录"
教师平台	庭审回放			庭审过程回放,教师以音、视频形式查看学生的模拟演练全过程。

（二）公共功能

		"3D模拟法庭教学系统"公共功能说明		
诉讼类型	功能名	界面按钮	使用限制条件	功能说明
民事诉讼	"申请发言"		处于禁止发言状态	向审判长申请发言权
	"申请退出"		已成功登陆法庭	向审判长申请退出
行政诉讼	文字输入	文字输入框	/	发送文字信息给全体法庭成员
	"显示"		本人处于消失状态	控制本人的显示
	"消失"		本人处于显示状态	控制本人的消失
	"起立"		本人处于坐下状态	使本人起立
刑事诉讼	"坐下"		本人处于起立状态	使本人坐下
	"查看角色列表"		/	查看当前所有角色及发言的状态（允许/禁止）
	"查看流程记录"		/	查看已经执行过的法庭流程

172

"3D模拟法庭教学系统"公共功能说明				
诉讼类型	功能名	界面按钮	使用限制条件	功能说明
刑事诉讼	"输入音量控制"		/	控制话筒输入音量的大小
	"输出音量控制"		/	控制耳机输出音量的大小
	"静音"		/	静音
	"开启录像"		/	勾选中时,自动录制整个模拟法庭演练全过程。
	"上传文件"		已录有模拟法庭演练视频	选择录制的视频文件上传,供教师下载、回放查看。

三、庭审流程场景介绍

"3D模拟法庭教学系统"根据现实生活中民事、刑事、行政案件庭审布局的不同,全真模拟了三个不同的法庭;而各法庭角色的功能又不尽相同,主要分为三类:审判长、书记员及所有用户;同时,在教师平台,有一个单独的"庭审回放"界面,下面分别对其进行详细说明。

为了突出说明各不同角色的界面和功能在下列的内容按照原图与说明图的方式说明。

（一）民事诉讼

1. 审判长界面（原图及说明图）

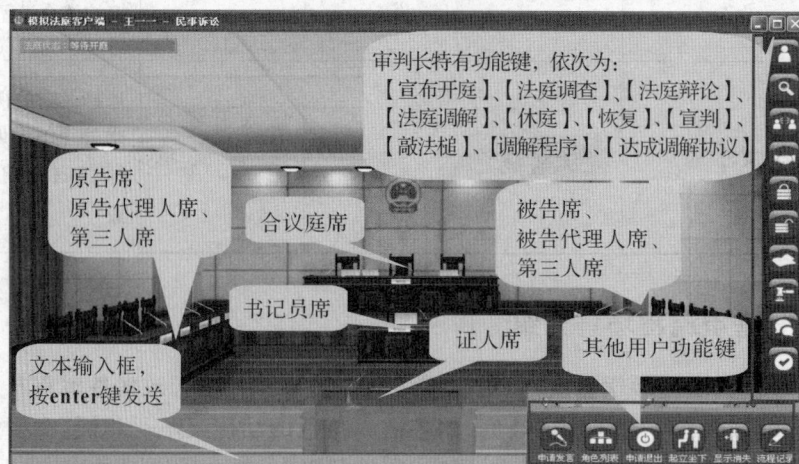

审判长特有功能键，依次为：
【宣布开庭】、【法庭调查】、【法庭辩论】、
【法庭调解】、【休庭】、【恢复】、【宣判】、
【敲法槌】、【调解程序】、【达成调解协议】

原告席、
原告代理人席、
第三人席

合议庭席

被告席、
被告代理人席、
第三人席

书记员席

证人席

其他用户功能键

文本输入框，
按enter键发送

2. 书记员界面（原图与说明图）

3. 其他用户界面

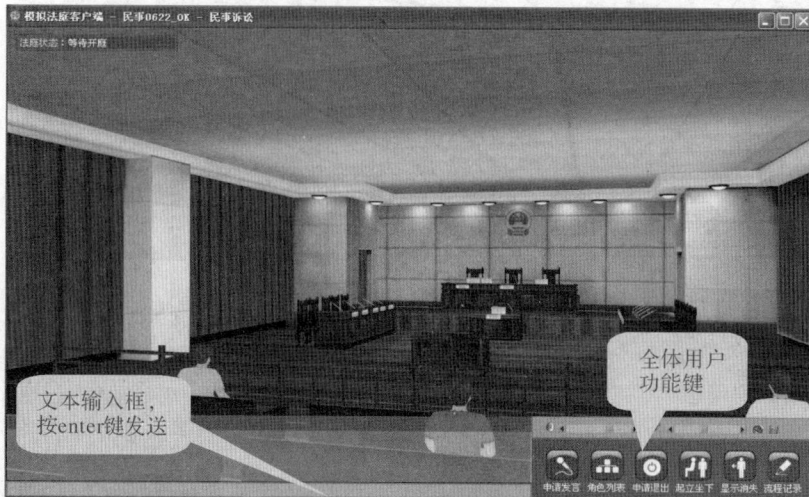

全体用户功能键依次为：

(1)"输入音量控制"：点击左、右两侧的箭头图标移动滑块，调节输入音量的大小。

(2)"输出音量控制"：点击左、右两侧的箭头图标移动滑块，调节输入音量的大小。

(3)"静音"。

(4)"申请发言"、"查看角色列表"、"申请退出"、"起立/坐下"、"显示"、"消失"、"查看流程记录"。

(5)文本输入：输入文字后，直接按"enter"键发送。

注：因旁观者不对法庭进行任何操作，所以其操作界面只可"查看角色列表"及"查看流程记录"。

(二)行政诉讼

行政诉讼的操作界面，同"民事诉讼"，此处概不赘述。

(三)刑事诉讼

1. 审判长界面

审判长特有功能键，依次为：【宣布开庭】、【法庭调查】、【法庭辩论】、【法庭调解】、【被告人最后陈述】、【休庭】、【恢复】、【宣判】、【敲法槌】

合议庭席

公诉人席、被害人席

书记员席

辩护人席

证人席

被告席

文本输入框，按enter键发送

其他用户功能键，同民事诉讼。

2. 书记员界面

书记员特有功能键，依次为：【宣布法庭纪律】、【法官进场】、【质证】(公诉人→辩护人→审判长)、【质证】（辩护人→公诉人→审判长）、【全体显示】、【全体消失】、【全体起立】、【全体坐下】、【退庭】

观众席

文本输入框，按enter键发送

全体用户功能键，同民事诉讼。

3. 其他用户界面

四、流程操作

（一）登录

双击模拟法庭客户端图标，如下图所示：

弹出登录页面，如下图所示：

在以上登录页面，输入用户名、密码、IP、端口 PORT 后（IP：指服务器所在的主机 IP 地址，IP 地址具有自动记录功能，输入一次后，软件将记住输入的 IP 地址，下次登录时将不再需要重新输入。PORT 指相应的端口号，一般情况下，保持默认即可）。点击"登陆"按钮，进入模拟法庭选择界面，如下图所示：

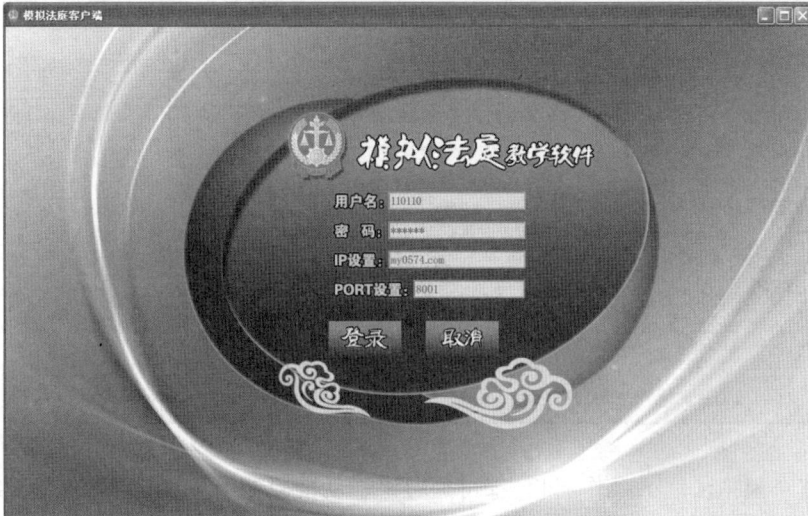

接着点击法庭名称,即可以进入以按照人物不同角色配备的法庭场景。

（二）录像

　　整个模拟法庭的操作流程，都可通过录像功能录制下来。这样，在练习结束后，学生可通过回看操作过程，发现其中的不足，有针对性的提升自己的能力。也可将录制的视频上传至"法学模拟教学系统"，供教师下载查看，从而对学生的模拟演练进行指导。

　　进入法庭后，可以选择参与演练的其中一位学生负责录像的控制。点击"角色列表"按钮，如下图所示，点击"开启录像"按钮，即开始对庭审过程进行录制。要注意的是该功能只要一开启就不能取消。

（三）模拟庭审程序

在准备完毕之后即可以按照一般的诉讼流程进行操作，下面以民事诉讼为例介绍具体的操作。

1. 宣读法庭纪律

书记员允许发言、各角色全体起立后，"书记员"点击"法庭纪律"按钮，法庭进入"法庭纪律"状态。此时，书记员角色可利用自己的耳麦讲话，其他各角色都可听到。

在"法庭纪律"宣读完毕以后，各角色应全部坐下。"书记员"在其界面操作"全体坐下"按钮，则所有已显示的角色应全部坐下。

2. 法官进场

"书记员"在其界面操作"法官进场"按钮，则出现法官进场的相应动画页面，进场动作页面如下图所示：

合议庭进场动作完成后，会自动坐在自己的相应位置上，在其前面列有相应图标标志。就座后的页面如下图所示：

在合议庭的人数上按照 1 或者 3 个人员进行，当合议庭的总数为双数（2

182

个)时,从"法官进场"开始,模拟法庭不能继续操作,出现如下提示对话框:

3. 宣布开庭

所有人员就位后,即可正式开庭,由审判长"宣布开庭"。

审判长在其界面操作"宣布开庭"按钮,法庭进入到"宣布开庭"界面。此时,审判长可宣布一些相关开庭之前的准备工作。

敲法槌功能介绍

当"审判长"想提醒大家注意,或当法庭比较吵闹时,其可以操作"敲法槌"按钮,来引起大家的关注。"敲法槌"动作会伴有"敲法槌"的声音。操作页面如下图所示:

4. 法庭调查

正式开庭之后,即进入法庭审理阶段,先要着手进行"法庭调查"。"审判长"

在其界面操作"法庭调查"按钮,法庭进入"法庭调查"阶段,页面如下图所示:

法庭调查期间,可以多人申请发言,审判长允许发言后,进行多语音通话。

下面就调查过程中的几个常用操作做如下介绍:

(1)证人出场

法庭调查时,若有证人,可传唤证人出场。"证人"的显示与消失由其自己控制。"证人"在其界面,操作"显示/消失"按钮后,即出现在证人席。"审判长"允许其发言后,即可进行语音通话。

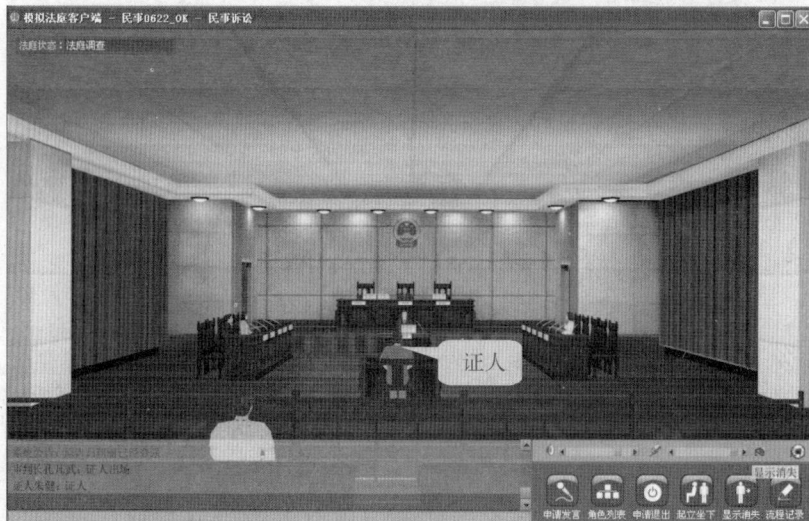

（2）证人退场

"证人"作证后,审判长可要求其退出。"证人"在其界面,再次操作"显示/消失"按钮后,即从法庭中消失。页面如下图所示:

（3）质证

在法庭审理过程中,若原告方有证据要提交,则书记员在其界面操作"质证（原告—被告—法官）"按钮,页面如下图所示:

　　在法庭审理过程中,若被告方有证据要提交,则书记员在其界面操作"质证(被告—原告—法官)"按钮,页面如下图所示:

5. 法庭辩论

　　"法庭调查"结束后,接着进入"法庭辩论"。"审判长"在其界面操作"法庭辩论"按钮,即可进入"法庭辩论"阶段,页面如下图所示:

186

在本过程中,应允许多人通话。被告方和原告方进行法庭辩论。

6.法庭调解

"法庭辩论"结束后,应接着进行"法庭调解"。"审判长"在其界面操作"法庭调解"按钮,进入"法庭调解"阶段,页面如下图所示:

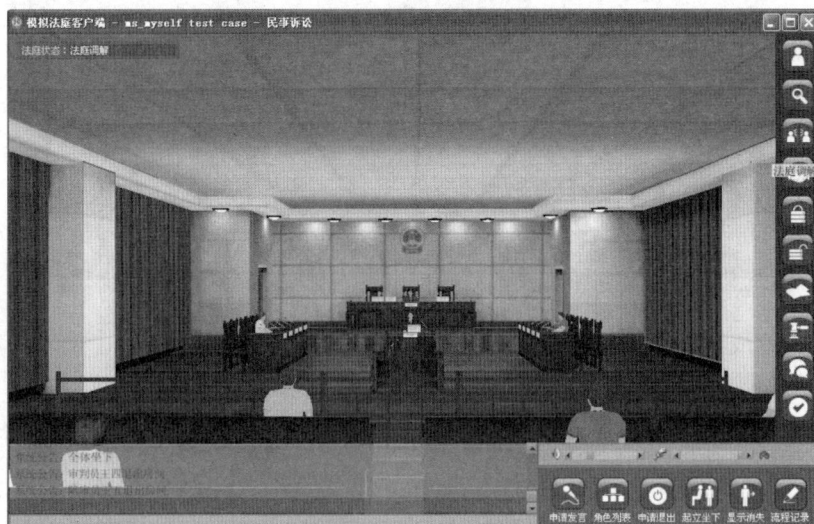

在本过程中,法官从中进行调解,希望案件能够撤诉,和平解决。此时,也应允许多人通话。

若原告方和被告方都同意调解,则进入"调解程序"状态;若任有一方不同意调解,则进入"休庭"状态。

(1)调解程序

若原告方和被告方都同意调解,进入"调解程序"状态,由"审判长"协调"原告"、"被告"进行协商。

"审判长"在其界面操作"调解程序"按钮,则出现"审判长"、"原告"、"被告"进行协商的FLASH动画,页面如下图所示:

若调解成功,同进入"达成调解协议"状态;

若调解不成功,则重新进入法庭审理,法庭进入"恢复"状态。

（2）达成调解协议

若原告方和被告方经协商达成调解协议，则进入"达成调解协议"状态。

"审判长"在其界面操作"达成调解协议"按钮，双方签订调解协议。页面如下图所示：

协议成功后，则整个法庭审理过程结束，法庭自动关闭。

7. 休庭

若原告或被告任一方不同意调解，要求继续审理案情。那么，需要"休庭"。"休庭"期间，审判长和陪审员进行合议。

"审判长"在其界面操作"休庭"按钮，则出现陪审团走出法庭的动画，页面如下图所示：

8. 恢复

陪审团合议完后，需重新进入法庭以进行宣判。"审判长"在其界面操作"恢复"按钮，则出现陪审团重新走进法庭的动画，页面如下图所示：

9. 宣判

案件审理、合议庭合议后,即可进行"宣判"。"审判长"在其界面操作"宣判"按钮,则法庭进入"宣判"阶段,页面如下图所示:

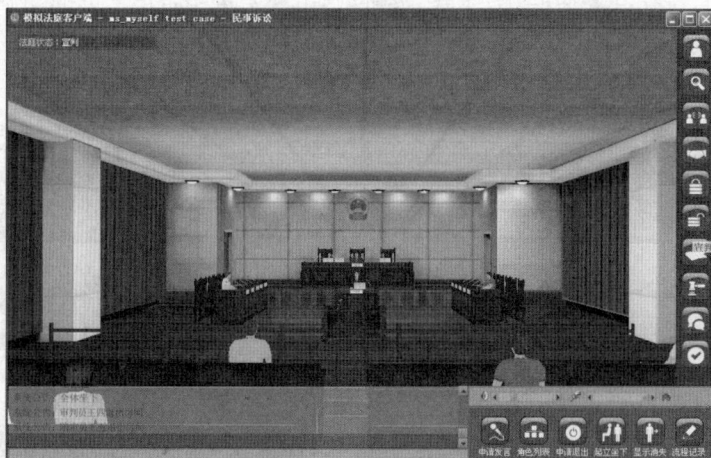

在此过程中,"审判长"可先通过"敲法槌"来让各角色集中注意力,听取审判结果。

10. 退庭

法庭审理、宣判结束后,整个法庭接近尾声。由"书记员"宣布法庭审理结束,然后依次请"陪审团"各"各角色"退庭。

"书记员"在其界面操作"退庭"按钮,则出现陪审团成员走出法庭的动画,页面如下图所示:

书记员一旦操作"退庭"按钮,即表示法庭审理结束。系统自动关闭当前模拟法庭。此时,在模拟法庭选择界面,将看不到当前法庭。同时,在"易科中页法学模拟教学系统",法庭的状态也被置换为"法庭关闭"。

11. 退出

用户可直接点击右上角的"关闭"按钮,强制关闭模拟法庭窗口。点击"关闭"按钮后,将弹出确认对话框,如下图所示:

点击"是"按钮,则强制关闭模拟法庭窗口。

用户也可以通过向"审判长""申请退出"后,由"审判长"操作"允许退出"来退出模拟法庭,下面进行详细说明。

(1)申请退出

点击本人界面上的"申请退出"按钮,系统会向"审判长"发出申请。其界面的"角色列表"按钮将会一灰一亮地持续闪烁,直到审判长响应为止。如下图所示:

（2）允许退出

审判长接到退出申请后,点击"角色列表"按钮,弹出角色列表对话框,显示所有角色,及其相关状态,如下图所示:

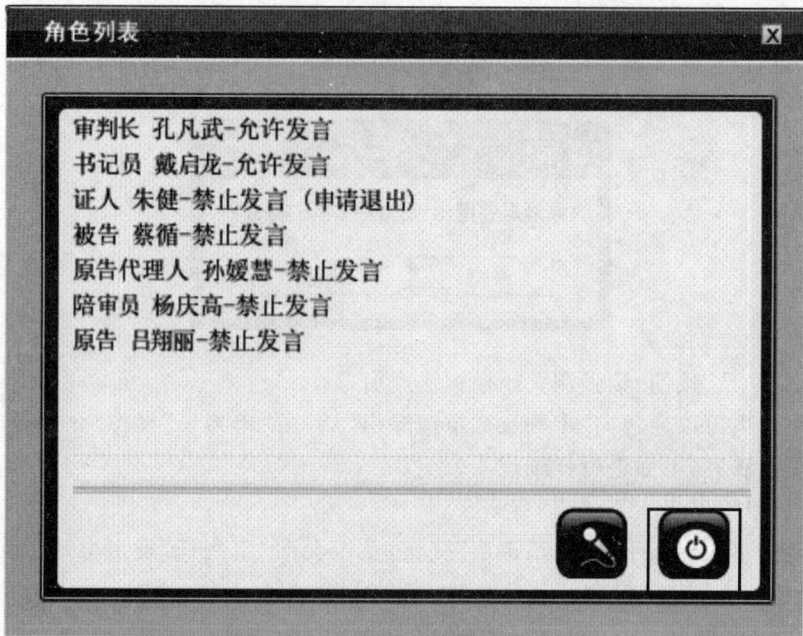

审判长选中要退让其退出的角色(单击角色所在行即可),然后点击"用户退出"按钮,弹出确认对话框,如下图所示:

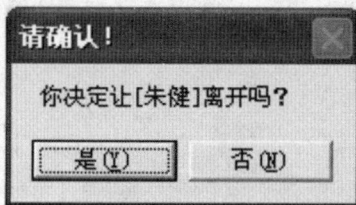

点击"是"按钮,则用户从角色列表中消失,如下图:

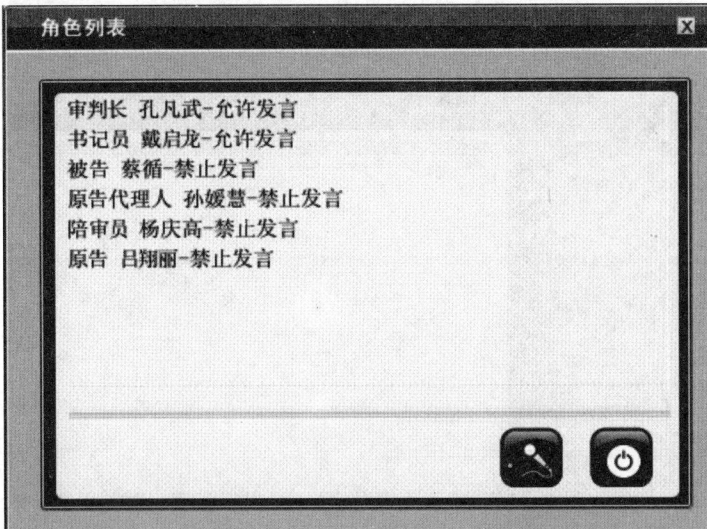

此时,申请人被强制退出模拟法庭,并出现提示信息,页面如下图所示:

第三节 庭审作业的提交与评阅

一、提交模拟法庭作业

模拟法庭作业的提交是在模拟法庭客户端进行的。

　　用户登录模拟法庭客户端后,在模拟法庭选择界面,点击右下角"上传文件"按钮,即可弹出上传文件对话框,如下图所示:

　　在弹出的窗口中,从房间列表中选择具体房间名称(如:行政 0624(行政诉讼));然后点击"浏览文件"按钮,弹出文件选择对话框,如下图所示:

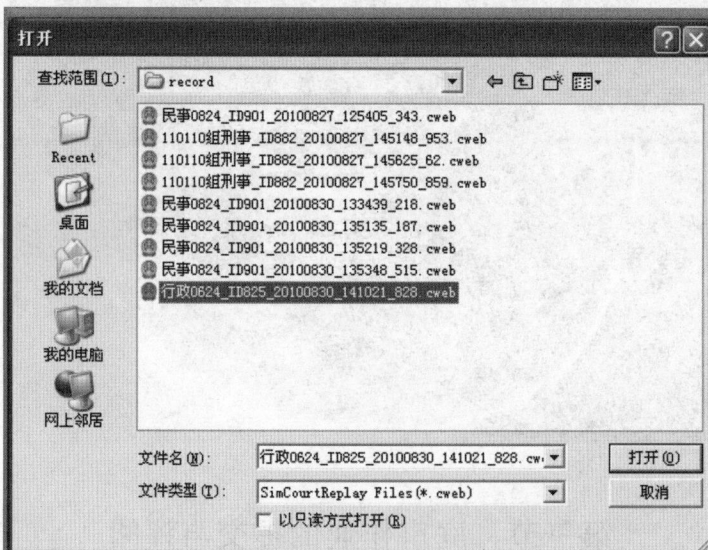

　　在文件存放路径选中要上传的文件,然后点击"打开"按钮,即可将文件选中。

　　在"上传文件"窗口,点击"上传"按钮,即可上传文件,完成模拟法庭作业的提交,提交后的作业会自动在教师平台显示,以供教师进行评阅。

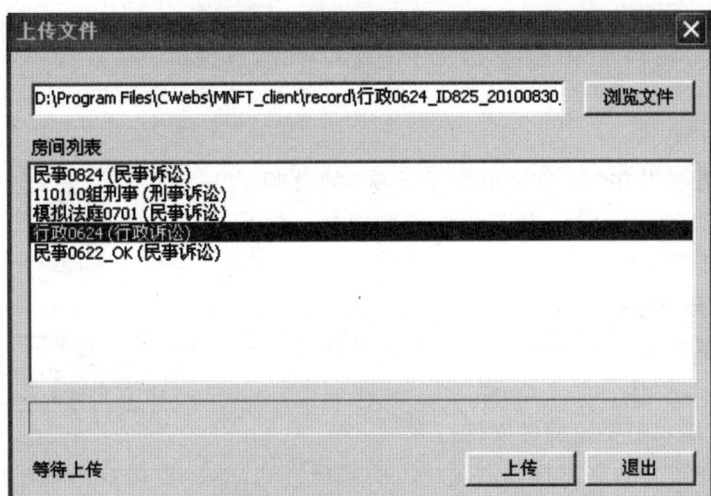

二、评阅

（一）回放程序安装

已录制好的视频，须通过"回放程序"查看，同时须安装相应的"驱动程序"。

1. 回放程序安装

双击"回放程序"图标，弹出程序的安装界面，按提示一步步操作下去，即可安装成功，界面如下图所示：

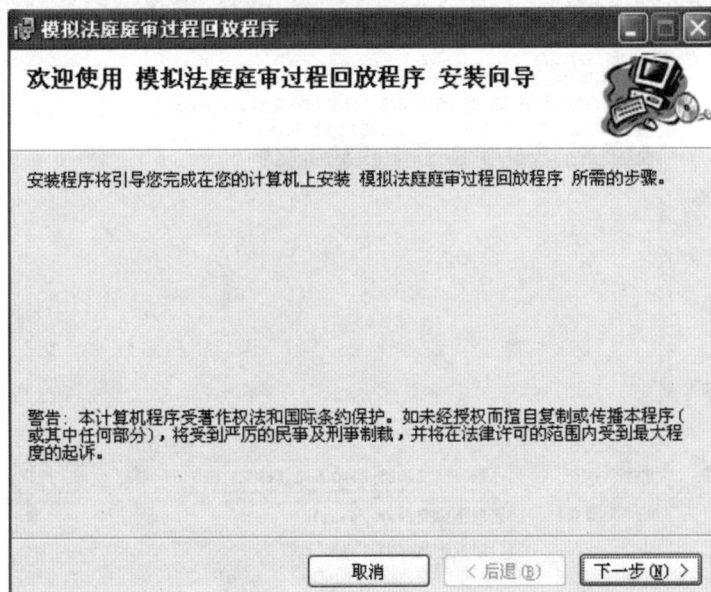

2. 驱动程序安装

双击"驱动程序"图标,弹出程序的安装界面,按提示一步步操作下去,即可安装成功。

(二)评阅

首先需要先在"法学模拟教学系统"的教师平台"模拟法庭练习评分"中下载相应的视频。然后按照下列步骤操作。

1. 打开视频

打开视频文件有两种方法,现分别对其进行介绍。

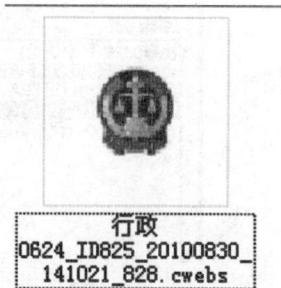

行政
0624_ID825_20100830_
141021_828.cwebs

(1)直接双击要播放的文件打开

下载完毕之后会出现如右图所示的快捷方式,然后直接双击打开视频文件即可观看。

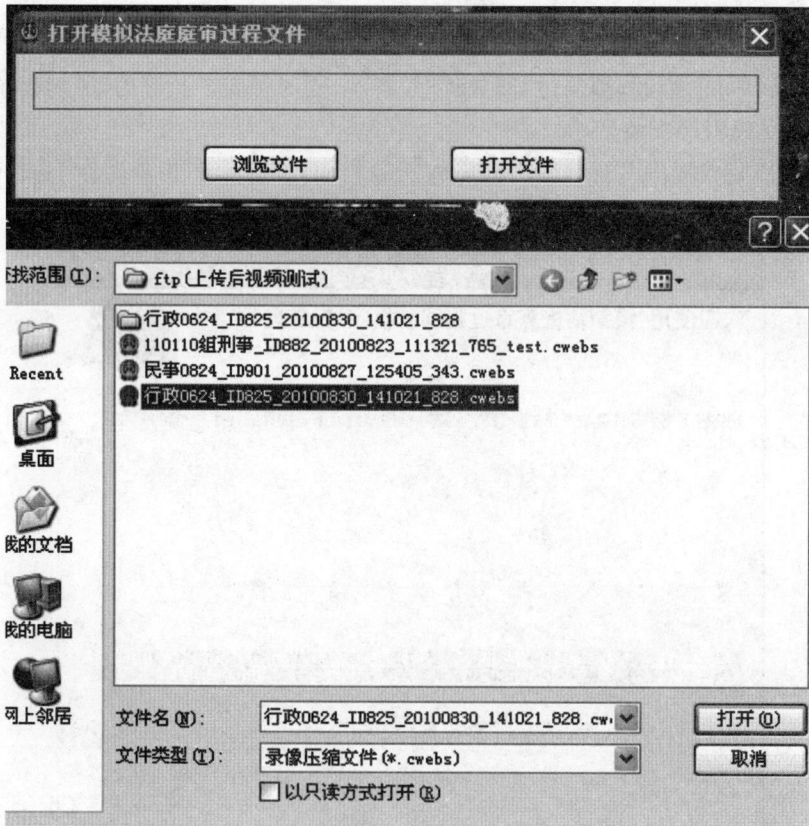

（2）从播放软件处选择文件播放

打开播放软件，点击"浏览文件"按钮，在弹出的对话框中，选择要播放的视频文件，然后点击"打开文件"按钮即可。

文件选择好后，点击"打开文件"按钮，即可进入视频回放界面，如下图所示：

2、播放

在视频回放界面，点击"播放"按钮，即可开始回放视频，如下图所示：

3. 查看角色列表

在视频回放的过程中,点击"角色列表"按钮,可查看当前的所有角色,及其发言状态,如下图所示:

4. 查看流程记录

在视频回放的过程中,点击"流程记录"按钮,可查看当前模拟法庭走过的流程,如下图所示:

5. 评分

登录"诉讼模拟教学系统"的教师个人页面,选择"诉讼程序练习评分",如下图:

然后在要评阅的练习(在其前面的 [ ] 中打钩(√)),点击"评分",如下图:

即可以给这个练习评分和填写评语。

附录　模拟刑事诉讼脚本

一、案情简介

2010年10月12日被害人张洁在家中劳作时,突发脑溢血昏迷,后被第一被告(被害人之子)梅翔送到医院,经过50多天的治疗,被害人的病情毫无好转,意识模糊,经其主治医师(本案第二被告)王晶确认医治无望,遂第一被告梅翔放弃对被害人治疗。后被告人梅翔为了逃避自己的义务,要求第二被告王晶向其提供安眠药好让其对母亲实施安乐死。而第二被告人在明知被告人梅翔索安眠药的用途后,仍违规向其提供。2010年12月3日,被告人梅翔将被害人接回家中,次日下午便使用安眠药对被害人实施了安乐死。2010年12月4日晚,被告人梅翔向公安机关投案自首。

二、参与人员

审判长:汪学良

审判员:吴亮

代理审判员:张佳培

书记员:缪晓菡

公诉人:黄振、朱宇萌

被告人一:梅翔

被告人二:王晶

第一被告辩护人:周晓芬

第二被告辩护人:王益

证人:徐挺、王兵、邵云

法警:刘君、冯盛、林道杰

三、审判脚本

★【开庭准备阶段】

(书记员就位)

书记员(缪晓菡):请全体旁听人员保持安静,请公诉人、辩护人入庭(公诉

人、辩护人入庭)

（各人员就位）

书记员（缪晓菡）：现在宣读法庭规则：

（1）在案件审理过程中应关闭手机；

（2）未经允许不得录音、录像和摄影，经允许可以摄影的人员不得使用闪光灯；

（3）不得随意走动和进入审判区；

（4）不得发问、提问、鼓掌、喧哗、哄闹和实施其他妨碍审判活动的行为；

（5）爱护法庭设施，保持法庭卫生，不得吸烟和随地吐痰；

（6）旁听人员违反法庭规则的，审判长可以口头警告、训诫，也可以没收录音、录像和摄影器材，责令退出法庭或经院长批准予以罚款、拘留；对于哄闹、冲击法庭，侮辱、诽谤、威胁、殴打审判人员等严重扰乱法庭秩序的，依法追究刑事责任。

（7）旁听公民通过旁听案件的审判，对法院的审判活动有意见或建议的，可以在闭庭以后书面向法院提出。

以上法庭规则，旁听人员必须认真遵守。

书记员（缪晓菡）：请公诉人、辩护人入庭！（公诉人、辩护人入庭）

书记员（缪晓菡）：请全体起立，请审判长、审判员入庭！（审判人员入庭）

审判长（汪学良）：请坐下！

书记员（缪晓菡）：（书记员面向审判长）报告审判长，公诉人、辩护人已经到庭，证人已在庭外等候，被告人梅翔、王晶已在羁押室候审，法庭准备工作就绪，请指示开庭！

★【宣布开庭阶段】

审判长（汪学良）：（敲击法槌）浙江省湖州市中级人民法院刑事审判庭，今天就浙江省湖州市人民检察院向本院提起公诉的被告人梅翔、王晶故意杀人一案进行公开审理。现在开庭！

审判长（汪学良）：请法警传唤被告人梅翔、王晶到庭！（法警带被告人梅翔、王晶到被告人席）

审判长（汪学良）：现核对当事人身份。被告人梅翔，这是你的真实姓名吗？

被告人（梅翔）：是。

审判长（汪学良）：出生日期/民族/文化程度/职业状况/家庭住址/有无犯罪前科/何时何因被羁押和逮捕的？

被告人（梅翔）：1946 年 6 月 25 日出生/汉族/初中文化/电工/住所地为湖

州市长兴县稚城镇金临小区 10 幢 3 单元 105 室/没有犯罪前科/因为涉嫌故意杀人,我于 2010 年 12 月 8 日被湖州市长兴县公安局刑事拘留,同年 12 月 15 日被逮捕,现羁押于湖州市长兴县看守所。

审判长(汪学良):被告人梅翔,湖州市人民检察院的起诉书副本你收到了吗? 是否超过 10 天?

被告人(梅翔):我收到起诉书了,时间已经超过 10 天。

审判长(汪学良):被告人王晶,这是你的真实姓名吗?

被告人(王晶):是。

审判长(汪学良):出生日期/民族/文化程度/职业状况/家庭住址/有无犯罪前科/何时何因被羁押和逮捕的?

被告人(王晶):1965 年 10 月 8 日出生/汉族/大学本科/湖州市长兴县人民医院医生/长兴县医学协会医学伦理研究员/没有犯罪前科/因为涉嫌故意杀人,我于 2010 年 12 月 8 日被湖州市长兴县公安局刑事拘留,同年 12 月 15 日被逮捕,现羁押于湖州市长兴县看守所。

审判长(汪学良):被告人王晶,湖州市人民检察院的起诉书副本你收到了吗? 是否超过 10 天?

被告人(王晶):收到了,超过 10 天了。

审判长(汪学良):湖州市中级人民法院刑事审判庭,根据《中华人民共和国刑事诉讼法》第 152 条规定,本庭今天在这里依法公开开庭审理由湖州市人民检察院提起公诉的被告人梅翔、王晶故意杀人一案。负责审理本案的合议庭由审判员汪学良、吴亮、张佳培组成,由汪学良担任审判长,书记员缪晓菡担任法庭记录。浙江省湖州市人民检察院指派检察员朱宇萌、黄振出庭支持公诉。受湖州市法律援助中心指派,浙江省湖州市仁和律师事务所律师周晓芬出庭为被告人梅翔辩护,受被告人王晶委托,浙江省湖州市鹏程律师事务所律师王益出庭为被告人王晶辩护。

审判长(汪学良):根据《刑事诉讼法》第一百五十四、一百五十九、一百六十条的规定,当事人、辩护人在庭审中享有下列权利:

(1)可以申请合议庭组成人员、书记员、公诉人、鉴定人回避;

(2)可以提出新证据,申请新的证人到庭,调取新的证据,重新鉴定或者勘验、检察;

(3)被告人可以自行辩护;

(4)被告人可以在法庭辩论终结后作最后陈述。

审判长(汪学良):上述各项权利,当事人是否挺清楚了?

被告人(梅翔):听清楚了。

被告人(王晶)：听清楚了。

审判长(汪学良)：被告人梅翔对出庭人员是否申请回避？

被告人(梅翔)：不申请。

审判长(汪学良)：被告人王晶对出庭人员是否申请回避？

被告人(王晶)：不申请。

审判长(汪学良)：受湖州市法律援助中心指派，浙江省湖州市仁和律师事务所律师周晓芬出庭为被告人梅翔辩护，被告人梅翔是否同意周晓芬担任你的辩护人？

被告人(梅翔)：我同意。

审判长(汪学良)：受被告人王晶委托，浙江省湖州市鹏程律师事务所律师王益出庭为被告人王晶辩护，被告人王晶是否同意王益担任你的辩护人？

被告人(王晶)：我同意。

审判长(汪学良)：控辩双方在举证时，应当说明所举证据的来源及所要证明的内容。对证人、鉴定人不出庭的，应该说明原因。控辩双方向法庭所交证据，应当提交原件、原物。不能提交原件、原物的，应当说明理由，经法庭同意可以提交副本或者复印件。

审判长(汪学良)：公诉人除了开庭前向法庭提供的证据目录外，还有无新的证据需要在法庭上提出的？

公诉人(朱宇萌)：没有。

审判长(汪学良)：被告人及其辩护人有无新的证据需要在法庭上提出？

辩护人(周晓芬)：没有。

辩护人(王益)：没有。

★【法庭调查阶段】

审判长(汪学良)：现在开始法庭调查。首先请公诉人宣读起诉书。

公诉人(黄振)：(公诉人全文宣读湖州市人民检察院浙湖检刑诉字〔2011〕13号起诉书。内容略)

审判长(汪学良)：两被告人，公诉人刚才宣读的起诉书听清楚了吗？

被告人(梅翔)：听清楚了。

被告人(王晶)：听清楚了。

审判长(汪学良)：下面开始讯问被告人梅翔，请法警将被告人王晶带下候审。(法警将王晶带出庭外)

审判长(汪学良)：被告人梅翔，依照《中华人民共和国刑事诉讼法》第四十六条之规定，人民法院对于一切案件的判处都要重证据，重调查研究，不轻信口供。

只有被告人的供述,没有其他证据的,不能认定被告人有罪和处以刑罚;没有被告人的陈述,证据充分确实的,可以认定被告人有罪和处以刑罚。因此,法庭要求你如实地回答法庭对你的提问,对起诉书指控你的犯罪事实不得隐瞒,不得伪造。否则,法庭对你就以对抗审判、拒绝悔罪论处。你听明白了吗?

被告人(梅翔):我听明白了。

审判长(汪学良):被告人梅翔,公诉人宣读的起诉书与你收到的起诉书副本内容是否一致?

被告人(梅翔):一致的。

审判长(汪学良):被告人梅翔,对起诉书指控的事实及罪名有无异议?

被告人(梅翔):怎么会没有啊!你说我故意杀害我母亲,你会无缘无故杀自己母亲吗?我没有钱给我妈治病,你知道她有多痛苦吗?(愤怒咆哮)你们这些当官的到底知不知道什么叫体察民情啊?!

审判长(汪学良):请被告人控制一下自己的情绪,被告人陈述是否完毕?

被告人(梅翔):陈述完毕。

审判长(汪学良):现在由公诉人就起诉书指控被告人梅翔故意杀人的犯罪事实对被告人进行讯问。

公诉人(黄振):被告人梅翔,你母亲张洁是怎么死得?

被告人(梅翔):是吃安眠药死的。

公诉人(黄振):请你描述一下当时的情况。

被告人(梅翔):那天下午,母亲的病又发作了,她很痛苦,我不忍心她受这种折磨,于是就让她服下安眠药。

公诉人(黄振):从服下药到死亡整个过程持续了多久?

被告人(梅翔):当时我很害怕,就出去了。

公诉人(黄振):她吃下安眠药,你出去后有没有突然想回去救她?

被告人(梅翔):我当时脑壳乱得很,像是喝酒了,但心里一直没有想过回去救她,她活着自己更痛苦。

公诉人(黄振):你当时知道这会导致你母亲死亡吗?

被告人(梅翔):知道。

公诉人(黄振):你明知道还这样做,那就是说你希望你母亲死亡,对不对?

审判员(吴亮):请公诉人注意自己的提问方式。

被告人(梅翔):(沉默)我想在座的每位都不会希望自己的母亲死亡,都希望她能长命百岁,但是事与愿违,这些并不是我们怎么想就会怎么样的,我真的无可奈何!

公诉人(黄振):你给张洁服用的安眠药是哪来的?

被告人（梅翔）：我向王晶要来的。

公诉人（黄振）：王晶是什么身份？你怎么问他要的？

被告人（梅翔）：他是长兴县人民医院的医生，是我妈的主治医生，我当时实在不忍心看我妈这么痛苦，于是求王晶给我找些药物能让我妈无痛苦的死去，他一开始不肯，后来经过我再三求他，他才给我的。

公诉人（黄振）：这么说，王晶他是知道你想要用这个药物让你母亲死的吗？

被告人（梅翔）：是的。

公诉人（黄振）：审判长，公诉人对被告人梅翔的讯问暂时到此。

审判长（汪学良）：被告人梅翔的辩护人是否需要对被告人梅翔进行发问？

辩护人（周晓芬）：是。

审判长（汪学良）：可以发问。

辩护人（周晓芬）：被告人梅翔，你能否证明你母亲的疾病治愈无望，生活不能自理，需要专人照顾？

被告人（梅翔）：我有母亲住院的病历。

辩护人（周晓芬）：你母亲是否反复地向你表示过她受病痛折磨，生不如死？

被告人（梅翔）：是，母亲每次病发时都说受够罪了，生不如死。

辩护人（周晓芬）：审判长，辩护人对被告人梅翔的发问暂时到此。

审判长（汪学良）：被告人王晶的辩护人是否需要对被告人梅翔进行发问？

辩护人（王益）：是。

审判长（汪学良）：可以发问。

辩护人（王益）：被告人梅翔，让你母亲以安乐死的方式结束生命是你向王晶提出的吗？

被告人（梅翔）：恩，是的，王医生是个好人，我们确实有份保证书，是我自愿要承担这一切的后果，我不想连累他。

辩护人（王益）：他当时是怎么回答你的？

被告人（梅翔）：他一开始不答应我，也不赞成我的做法。但是，后来在我苦苦恳求下，他终于还是答应了，我想他是在这个案件里唯一一个了解我的人。

辩护人（王益）：之后你把安眠药拿给你母亲的时候，她知道这是安眠药并自愿服下吗？

被告人（梅翔）：恩，母亲当时是清醒的。

辩护人（王益）：最后一个问题，你和王晶之间的责任承担书是你提出并自愿签订的吗？

被告人（梅翔）：是的，是我出于自愿。王医生是个好人，我不想连累他。

辩护人（王益）：好，审判长，发问完毕。

审判员（张佳培）：被告人梅翔，法庭现在讯问你几个问题，你如实向法庭回答。

被告人（梅翔）：是。

审判员（张佳培）：你母亲病了多久，在此期间你又照顾了她多久？

被告人（梅翔）：对，妈妈是患病已经很久了，这病其实一直苦扰着她。自从上次突发脑淤血后，病情急剧加重，于是，我送了她去医院诊治。我一直陪伴在妈妈身边，无论在家还是医院。

审判长（汪学良）：请法警带被告人梅翔出庭，带被告人王晶到庭。（法警带被告人王晶到庭）。

审判长（汪学良）：被告人王晶，依照《中华人民共和国刑事诉讼法》第四十六条之规定，人民法院对于一切案件的判处都要重证据，重调查研究，不轻信口供。只有被告人的供述，没有其他证据的，不能认定被告人有罪和处以刑罚；没有被告人的陈述，证据充分确实的，可以认定被告人有罪和处以刑罚。因此，法庭要求你如实地回答法庭对你的提问，对起诉书指控你的犯罪事实不得隐瞒，不得伪造。否则，法庭对你就以对抗审判，拒绝悔罪论处。你听明白了吗？

被告人（王晶）：我听明白了。

审判长（汪学良）：被告人王晶，公诉人宣读的起诉书与你收到的起诉书副本内容是否一致？

被告人（王晶）：一致的。

审判长（汪学良）：被告人王晶，对起诉书指控的事实及罪名有无异议？

被告人（王晶）：当然有意见。我根本就没有想要杀害梅翔母亲张洁的故意。我作为一个医生，我的职责就是把病人从痛苦中解脱出来。患者张洁从住院以来，病情十分不稳定，而且在11月底的一次检查中，我们医院认定其的病况不可能达到治愈的程度。而且在这个过程中患者将承受巨大的病痛的折磨。我作为一个医生，比任何人都明白"生不如死"的痛苦。站在医学伦理的角度，在所有医疗手段都无法满足现状的条件下，安乐死其实也是一种帮助病人的手段。我只是在做一个医生的职责，怎么会要想去杀害患者张洁呢。

审判长（汪学良）：被告人陈述是否完毕？

被告人（王晶）：陈述完毕。

审判长（汪学良）：现在由公诉人对被告人王晶进行讯问。

公诉人（朱宇萌）：被告人，请你把梅翔找你要安眠药的情形再讲一遍。

被告人（王晶）：我记得那天是12月2日，长兴医院刚好轮到我值班。大概在凌晨1点左右，我办公室的大门被梅翔敲开了。当时我看到他脸色苍白，身体十分虚弱的样子，我就问他怎么了。突然他就径直向我跪了下来，求我帮帮他帮帮他的母亲。他还拿出一份责任承担书,说所有责任他一个人担。被我又一次拒绝之后梅翔他突然晕倒了,待我把他急救醒来之后,他告诉我,这是他20天内第三次去卖血了。我震惊了,作为一个医生,我完全不能放任用一个年轻的生命去换一个即将消逝的生命。在2点20分左右,我从药房那拿了两瓶安眠药给了梅翔。

公诉人(朱宇萌):那你是否知道安眠药服用过多会致人死亡?

被告人(王晶):知道。

公诉人(朱宇萌):那你是否知道梅翔要用这瓶药毒死他的母亲?

被告人(王晶):我知道只是给他母亲用的。

公诉人(朱宇萌):为什么明明知道这药梅翔是拿去杀人的,也知道大量安眠药会致人死亡,那你还把药给他?

被告人(王晶):我只是救人。梅翔的母亲遭受的折磨不仅仅来自于病痛带来的身体上的,还有来自于那份对于死亡威胁的痛苦。我想作为任何一有良知的人,都会伸出手去帮他一下。而我,也是这些有良知的人的其中一个。

公诉人(朱宇萌):那既然你说你是在救人,为什么还要签订责任承担书?

被告人(王晶):当时的情况下我根本就没有考虑到什么责任,而且那份材料是梅翔给我的。

公诉人(朱宇萌):审判长,公诉人对被告人王晶的讯问暂时到此。

审判长(汪学良):被告人王晶的辩护人是否需要对被告人王晶进行发问?

辩护人(王益):是。

审判长(汪学良):可以发问。

辩护人(王益):被告人王晶,作为梅翔母亲张洁的主治医生,请你详细谈谈张洁的病情?

被告人(王晶):从张洁住院以来,由于她本身的身体条件很差,再加上之前的拖沓耽误了治疗,病情十分不稳定,从目前的情况来看,根本就没有治愈的可能。

辩护人(王益):她是否多次在清醒的情况下向你提出过安乐死?

被告人(王晶):是的。虽然她没有明确提出安乐死的说法。但是她不止一次对我说过,活着太痛苦了还要拖累儿子还不如死了。

辩护人(王益):梅翔的家庭条件你了解吗?

被告人(王晶):知道一些。他家不是很富裕,根本承受不了这么巨额的医疗等费用。

辩护人(王益):你和梅翔之间的那份责任承担书的签订是你自愿的吗?有没有任何威胁、胁迫的成分?

被告人（王晶）：是的，是梅翔主动给我的。没有威胁胁迫。我当时根本不在意那个责任承担书，是梅翔自己给我的。

辩护人（王益）：好，审判长，发问完毕。

审判长（汪学良）：被告人梅翔的辩护人是否需要对被告人王晶进行发问？

辩护人（周晓芬）：是。

审判长（汪学良）：可以发问。

辩护人（周晓芬）：如果不给张洁实施安乐死，她还能活多久？

被告人（王晶）：我们有做过一个会诊，在目前的情况下，最多只有3个月。

辩护人（周晓芬）：在这段时间里她要承受多少痛苦？

被告人（王晶）：我想，这个痛苦是常人无法想象的。

辩护人（周晓芬）：审判长，辩护人对被告人王晶的发问暂时到此。

审判员（吴亮）：被告人王晶，法庭现在讯问你几个问题，你如实向法庭回答。

被告人（王晶）：是。

审判员（吴亮）：被告人起初提出对被害人实施"安乐死"时，你是否同意？

被告人（王晶）：不同意。

审判员（吴亮）：被告人在向你索取药物时有无采取威胁、胁迫等不当手段？

被告人（王晶）：没有。

审判长（汪学良）：被告人王晶，你说被告人曾多次表明她想用安乐死的方法死去，你知道她说这话的时候意识是清醒的吗？

被告人（王晶）：知道。我们在治疗过程中，每一次都会做一次关于患者意志清醒的测试，这个都会记录在门诊报告中。

审判长（汪学良）：请法警将被告人梅翔带回法庭。（法警带梅翔到庭）

审判长（汪学良）：下面由公诉人就起诉书指控被告人梅翔、王晶故意杀人的犯罪事实向法庭提供证据。

公诉人（朱宇萌）：审判长，我方请求传唤证人王兵出庭。

审判长（汪学良）：请法警传唤证人王兵出庭！（法警带证人王兵到证人席）

审判长（汪学良）：王兵，你把自己的身份情况说一下。

证　人（王兵）：我叫王兵，男，1968年6月17日出生，汉族，高中文化，湖州市长兴县人，住湖州市长兴县稚城镇金临小区10幢3单元104室。

审判长（汪学良）：证人王兵，请你客观陈述亲身感知的事实，不得使用猜测、推断或评论性的语言。若提供伪证，要负法律责任。你听明白了吗？

证　人（王兵）：我听明白了。

审判长（汪学良）：请证人在保证书上签字。（由法警将保证书拿到证人席，待签字后交回书记员）

审判长（汪学良）：公诉人，你们可以询问证人了。

公诉人（朱宇萌）：证人王兵，你和被告人梅翔是什么关系？

证　人（王兵）：我是他的邻居。

公诉人（朱宇萌）：被告人梅翔的母亲张洁死亡这件事，你知道吗？

证　人（王兵）：知道。（指着被告人）就是被他杀死的！

公诉人（朱宇萌）：请你详细叙述一下当时的情形。

证　人（王兵）：那天傍晚我去梅翔家串门，一进门就看到梅翔一个瓶子，重复地说：我杀死了我妈，我杀死了我妈！我仔细一看，他母亲躺在床上一动不动，已经断气了。

公诉人（朱宇萌）：被告人确实是对你说过他杀死他母亲了吗？

证　人（王兵）：是的。

公诉人（朱宇萌）：审判长，我方没问题了。

审判长（汪学良）：两被告人，对证人王兵的证言有无异议？

被告人（梅翔）：没有。

被告人（王晶）：没有。

审判长（汪学良）：辩护人对证人王兵的证言是否需要发问？

辩护人（周晓芬）：不需要。

辩护人（王益）：不需要。

审判长（汪学良）：请法警带证人王兵退庭！

审判长（汪学良）：请公诉人继续举证。

公诉人（朱宇萌）：审判长，我方请求传唤证人徐挺出庭。

审判长（汪学良）：请法警传唤证人徐挺出庭！（法警带证人徐挺到证人席）

审判长（汪学良）：徐挺，你把自己的身份情况说一下。

证　人（徐挺）：我叫徐挺，男，1974年年7月21日出生，汉族，大学本科，湖州市长兴县人民医院药房负责人，住湖州市长兴县金水小区18幢201室。

审判长（汪学良）：证人徐挺，请你客观陈述亲身感知的事实，不得使用猜测、推断或评论性的语言。若提供伪证，要负法律责任。你听明白了吗？

证　人（徐挺）：我听明白了。

审判长（汪学良）：请证人在保证书上签字。（由法警将保证书拿到证人席，待签字后交回书记员）

审判长（汪学良）：公诉人，你们可以询问证人了。

公诉人（朱宇萌）：证人徐挺，你和被告人王晶是什么关系？

证　人（徐挺）：我们是同事。

公诉人（朱宇萌）：王晶是否有和你说过把大量安眠药给梅翔的事实？

　　证　人(徐挺)：有说过。

　　公诉人(朱宇萌)：他有没有和你说过为什么会把这么多药给梅翔？

　　证　人(徐挺)：有说过，他说他很矛盾，一方面是因为这样做是违法的，而另一方面，他又很同情梅翔和他母亲的遭遇。最后由于梅翔的母亲实在太痛苦，无法医治，他把药给了梅翔。

　　公诉人(朱宇萌)：那王晶是否和你说过曾经梅翔的母亲亲口和王晶说自己不想活这类话？

　　证　人(徐挺)：有说过。

　　公诉人(朱宇萌)：审判长，我方没问题了。

　　审判长(汪学良)：两被告人，对证人徐挺的证言有无异议？

　　被告人(梅翔)：没有。

　　被告人(王晶)：没有。

　　审判长(汪学良)：辩护人对证人徐挺的证言是否需要发问？

　　辩护人(周晓芬)：不需要。

　　辩护人(王益)：不需要。

　　审判长(汪学良)：请法警带证人徐挺退庭！

　　审判长(汪学良)：请公诉人继续举证。

　　公诉人(朱宇萌)：现在出示湖州市长兴县公安局于 2010 年 12 月 5 日提取的被告人梅翔的作案工具安眠药瓶两个、作出的法医鉴定结论，证明 2010 年 12 月 4 日下午被告人就是用这个安眠药给其母张洁服用，致其死亡。(法警传递药瓶及剩余的安眠药，法医鉴定结论。下文证据展示次序与此相同，不再赘述。)

　　审判长(汪学良)：被告人对此有无异议？

　　被告人(梅翔)：没有。

　　被告人(王晶)：没有。

　　审判长(汪学良)：辩护人对此有无异议？

　　辩护人(周晓芬)：没有。

　　辩护人(王益)：没有。

　　审判长(汪学良)：请公诉人继续举证。

　　公诉人(朱宇萌)：审判长，公诉人要求宣读湖州市公安局于 2010 年 12 月 9 日对被告人作出的司法精神鉴定，证明被告人梅翔对其作案行为的性质和后果具有完全的辨认能力和控制能力，具有完全刑事责任能力。

　　审判长(汪学良)：可以宣读。

　　公诉人(黄振)：(宣读湖州市公安局司法精神鉴定结论。内容略。)

　　审判长(汪学良)：被告人对此有无异议？

被告人（梅翔）：没有。

被告人（王晶）：没有。

审判长（汪学良）：辩护人对此有无异议？

辩护人（周晓芬）：没有。

辩护人（王益）：没有。

审判长（汪学良）：请公诉人继续举证。

公诉人（朱宇萌）：审判长，公诉人就起诉书指控被告人梅翔、王晶故意杀人的全部犯罪事实举证到此。

审判长（汪学良）：公诉人是否有与以上证据相反即证明被告人无罪、从轻或减轻刑罚的证据向法庭提供？

公诉人（朱宇萌）：被告人梅翔于 2010 年 12 月 4 日晚主动到湖州市长兴县稚城镇派出所报案，如实供述了自己的犯罪事实，属自首行为。依照《中华人民共和国刑法》第六十七条第一款之规定，可以对被告人梅翔从轻或者减轻处罚。

审判长（汪学良）：被告人梅翔是否有证据向法庭提供？

被告人（梅翔）：没有。

审判长（汪学良）：被告人王晶是否有证据向法庭提供？

被告人（王晶）：没有。

审判长（汪学良）：辩护人是否有证据向法庭提供？

辩护人（周晓芬）：审判长，我方请求传唤证人邵云出庭。

审判长（汪学良）：请法警传唤证人邵云出庭！（法警带证人邵云到证人席）

审判长（汪学良）：邵云，你把自己的身份情况说一下。

证　人（邵云）：我叫邵云，1962 年 12 月 7 日出生，汉族，小学文化，湖州市长兴县稚城镇土桥乡 8 组。

审判长（汪学良）：证人邵云，请你客观陈述亲身感知的事实，不得使用猜测、推断或评论性的语言。若提供伪证，要负法律责任。你听明白了吗？

证　人（邵云）：我是老实人，不会做假证的。

审判长（汪学良）：请证人在保证书上签字。（由法警将保证书拿到证人席，待签字后交回书记员）

审判长（汪学良）：辩护人可以向证人发问。

辩护人（周晓芬）：证人邵云，据你所知，被告人梅翔与其母亲平时关系如何？

证　人（邵云）：他们母子关系一向很好，梅翔非常孝顺，他得知他母亲的病情后一直很痛苦。

辩护人（周晓芬）：被告人的母亲张洁生病卧床期间，你是否去探望过她？

证　人（邵云）：是的，我去过三次医院。我们关系比较好，我过去是陪她聊天解闷,她那段期间很痛苦,经常跟我说这样活着还要拖累儿子,不如死了算了。我都是尽量开导她。

辩护人(周晓芬):张洁是否多次明确地向你表达过想死的想法?

证　人(邵云):是的!(非常肯定的表情)她说在电视上看到过医生给病人实施"安乐死",这种死法会让病人及早解除痛苦,她很想也这么死去。

辩护人(周晓芬):审判长,我发问完毕。

审判长(汪学良):公诉人有无问题向证人邵云询问?

公诉人(黄振):有。请证人邵云如实回答我的问题。梅翔母亲是否说自己想死是为了不拖累儿子?

证　人(邵云):是的。

公诉人(黄振):被告人梅翔有没有固定收入?

证　人(邵云):没有。

公诉人(黄振):被告人是否确实无力负担其母亲医药、生活费用?

证　人(邵云):他一直在家务农,收入微薄,无力承担巨大的医疗和生活费用。

公诉人(黄振):请法庭注意:我们不能排除被告人是为了逃避赡养义务而实施故意杀人的动机和可能性!审判长,我方询问完毕。

审判长(汪学良):被告人王晶的辩护人是否需要向证人邵云发问?

辩护人(王益):是。

审判长(汪学良):可以发问。

辩护人(王益):证人邵云,你是否知道梅翔为了给母亲治病,多次卖血?

证　人(邵云):是的。

辩护人(王益):对于这件事,梅翔的怎么说的,有没有抱怨过?

证　人(邵云):梅翔说他妈养育了他那么多年,就算卖血也要治好他妈的病。

辩护人(王益):审判长,我没问题了。

审判长(汪学良):两被告人,对证人邵云的证言有无异议?

被告人(梅翔):没有。

被告人(王晶):没有。

审判长(汪学良):梅翔辩护人对证人邵云的证言是否需要发问?

辩护人(周晓芬):不需要。

审判长(汪学良):请法警带证人邵云退庭!

审判长(汪学良):请辩护人继续向法庭提供证据。

辩护人(周晓芬):审判长,我方请求宣读被告人梅翔的姐姐梅燕在 2011 年

1月20日出具的证人证言,证明被告人梅翔一直非常孝顺,深爱着他的母亲,没有任何故意杀害他母亲的动机和可能性。梅燕两星期前因发生交通事故造成重伤,至今仍在长兴县人民医院接受治疗,所以她今天无法出庭作证。

审判长(汪学良):可以宣读。

辩护人(周晓芬):我是梅翔的姐姐梅燕,今年67岁。我们自幼丧父,是靠母亲含辛茹苦把我们抚养成人。我弟弟梅翔自从懂事以来,一直非常孝顺。母亲劳累一天下来,弟弟就打好洗脚水,亲自给母亲洗脚;母亲病了,他就陪在床边聊天,尽量让母亲心情高兴。弟弟多次跟我说过,妈妈把我们拉扯大,太不容易了,以后我们再穷,也不能再让她受苦受累了。母亲自从2010年10月住院治疗脑溢血以来,弟弟天天守候在病床前,想尽一切办法筹借钱物治疗母亲的病。可是,家里一直就很穷,没有什么经济收入,为了凑钱,他的头发都愁白了,人整整瘦了一大圈。看到母亲因病痛折磨而痛苦不堪的样子,他时常泪流满面,为不能治好母亲的病而感到自责。那天下午,在母亲不断苦苦央求下,弟弟忍着巨大痛苦协助母亲结束生命,这是没有办法的办法啊!虽然我不在现场,但是他绝对没有故意杀害母亲的想法,我愿用我的生命作担保!请求法院宽大处理,放了我弟弟吧!(法警将医院证明及保证书传递)

审判长(汪学良):公诉人对此证人证言有无异议?

公诉人(黄振):没有。

审判长(汪学良):请辩护人继续向法庭提供证据。

辩护人(周晓芬):审判长,我方请求出示长兴县人民医院于2010年11月13日出具的被害人张洁的病历,证明被害人身患绝症,生活不能自理,无治愈希望。

审判长(汪学良):可以出示。(法警将病历传递)

审判长(汪学良):公证人对此有无异议?

公诉人(黄振):没有。

审判长(汪学良):辩护人继续向法庭提供证据。

辩护人(周晓芬):举证完毕。

审判长(汪学良):被告人王晶辩护人是否有证据向法庭提供?

辩护人(王益):审判长,我方请求出示我当事人和被告人梅翔之间签订的责任承担书,证明我当事人是在被告人的要求下才提供其安眠药的,没有有主观犯罪故意。(法警将责任保证书传递)

审判长(汪学良):辩护人继续向法庭提供证据。

辩护人(王益):举证完毕。

审判长(汪学良):被告人梅翔,你是否需要向法庭申请调取新的证据,申请通知新的证人到庭,要求重新鉴定或勘验?

　　被告人(梅翔):不申请。

　　审判长(汪学良):被告人王晶,你是否需要向法庭申请调取新的证据,申请通知新的证人到庭,要求重新鉴定或勘验?

　　被告人(王晶):不申请。

　　审判长(汪学良):辩护人有无上述申请?

　　辩护人(周晓芬):没有。

　　辩护人(王益):没有。

★【法庭辩论阶段】

　　审判长(汪学良):法庭调查结束,现在进行法庭辩论。首先请公诉人发表公诉意见。

　　公诉人(朱宇萌):审判长、审判员:根据《中华人民共和国刑事诉讼法》第一百五十三条、第一百六十条、第一百六十五条、第一百六十九条之规定以及《中华人民共和国人民检察院组织法》的有关规定,受湖州市人民检察院的指派,我们代表本院以国家公诉人的身份出席法庭支持公诉,依法履行法律监督职责。现就被告人梅翔、王晶故意杀人一案的证据和案件情况发表如下公诉意见:

　　根据湖州市公安局、长兴县公安局和本院的调查取证,以及刚才法庭所作调查,本院认为被告人梅翔在得知其母亲医治无望时,遂放弃对其医治,用药物手段将其母亲杀死。被告人对其杀母行为供认不讳,并有邻居王兵证实。被告人犯罪事实清楚,证据确实充分。被告人梅翔在主观上明知电击会导致人死亡的情况下,客观上以作为方式非法剥夺他人生命,其违法行为与被害人死亡结果存在刑法上的直接因果关系,触犯了《中华人民共和国刑法》第二百三十二条的规定,构成故意杀人罪。被告人在案发后,能自动向公安机关报案,如实供述自己的犯罪事实,属自首行为。依《中华人民共和国刑法》第六十七第一款规定,可以从轻或减轻处罚。

　　被告人王晶系被害人张洁的主治医生,在明知服用大量安眠药会致人死亡且也明确知道梅翔用该药的目的是为了让张洁死亡,仍将该危险药物给梅翔其主观上已经符合故意杀人的间接故意即放任被告人梅翔的杀人行为,客观上,由于服用该药物致使被害人张洁死亡,所以被告人王晶对于张洁死亡的事实有不可推卸的责任。王晶作为一个医生其职业就是为了救死扶伤,在明知梅翔要杀害自己的母亲的情况下,不仅不加以制止还为梅翔提供药物,所以其与梅翔是故意杀人的共犯。但王晶在该案中只是为梅翔提供药物的帮助行为,符合《中华人民共和国刑法》第二十七条,构成共同犯罪中的从犯,依据法律可以从轻处理。

现本院针对以上所举事实和证据,特提出公诉,请法院依法判处。

审判长(汪学良):被告人梅翔,根据法律规定,在法庭上除了辩护人为你辩护外,你还有自行辩护的权利,你需要为自己辩护吗?

被告人(梅翔):我再说一遍,我不是故意杀死我母亲! 你们以为我不想让母亲活下来安度晚年吗? 我这么大个人,没有做到什么可以给母亲高兴欣慰的。知道她的病以后,我别无所求,只想多找点时间好好照顾她,孝顺她。可是,我看着她遭受痛苦煎熬却毫无办法,你说我能怎么办? 去盗窃? 去抢劫? 不行啊! 那是犯法的啊! 我只是遵照母亲的遗愿让她安乐的离开,难道这也犯法了吗?

审判长(汪学良):请梅翔辩护人进行补充辩护。

辩护人(周晓芬):审判长、审判员:根据《中华人民共和国刑事诉讼法》的规定,湖州仁和律师事务所接受湖州市法律援助中心的指派,委派我担任被告人梅翔的辩护律师,今天依法出庭为其辩护。开庭前我查阅了有关材料,会见了被告人,走访了有关群众,刚才又听取了法庭对本案的调查,我认为起诉书将"安乐死"等同于故意杀人罪是错误的,被告梅翔是无罪的,现发表辩护意见如下:

(1)安乐死不具有社会危害性。根据《中华人民共和国刑法》第十三条规定,犯罪必须具备三个特征:行为违法性、社会危害性和应受刑罚处罚性。主观方面,被告人梅翔的行为完全是出于善良的动机,目的是为了减轻他母亲的剧烈痛苦;客观方面,被告人实施"安乐死"行为完全是基于其母亲本人的真实意愿,对于国家和社会是没有任何危害性的,不符合犯罪的特征。

(2)被告人的行为不符合故意杀人罪的构成要件。根据《刑法》规定,"故意杀人罪"在主观上必须具备杀人的故意,而"安乐死"在本质上不同于故意杀人罪,它需要具备两个要件:①病人所患疾病必须是医学上无法治愈的,而且病人所遭受的痛苦和折磨被认为是持续的、难以忍受的;②病人在意识清醒的状态下自愿接受"安乐死"并多次提出相关请求。"安乐死"没有改变绝症患者必死的命运,也就是说被告人梅翔没有必要去追求其母亲"死亡"的目的,更谈不上有杀人的故意,起诉书中对被告人梅翔故意杀人的指控不能成立。

综上所述,梅翔的行为不具任何社会危害性,不符合故意杀人罪的构成要件,是无罪的。请合议庭仔细审议上述观点并采纳,依法宣判被告人梅翔无罪。

审判长(汪学良):下面被告人王晶可以为自己辩护。

被告人(王晶):审判长,审判员,作为一个从业了20多年的医生,面对任何一个患者,只要有一点的希望,我就会全力以赴。梅翔的母亲在没有治愈可能的前提下,还要忍受来自病痛的折磨,这很不人道。作为一个医生,我比任何人都能体会这种痛苦。而站在医学伦理之上,在国外,安乐死也始终是作为一种合法的个人处置自己生命的手段,更是一种治疗的方法。我只是为了救人,真的没有想要去害他母亲,也是同情梅翔想要帮帮她,我想这是每个有良知的人都会有的感情。

审判长(汪学良):请王晶辩护人进行发表辩护意见。

辩护人(王益):审判长、审判员:根据《中华人民共和国刑事诉讼法》的规定,湖州鹏程律师事务所接受被告人王晶的委托,委派我担任被告人王晶的辩护律师,今天依法出庭为其辩护。开庭前我查阅了有关材料,会见了被告人,走访了有关群众,刚才又听取了法庭对本案的调查,我认为起诉书将我当事人王晶作为故意杀人的共同被告是错误的,我当事人王晶是无罪的。

首先,"安乐死"行为是一个人对自己生命的处分权,是一种符合人道和正义的行为,"安乐死"是个人行使其生命处分权的体现。在不妨害公序良俗的原则下,我们应当充分尊重人权。每个人不但享有生命权,在一定的条件下也享有死亡选择权,任何机关不得剥夺。"安乐死"从性质上是一种授权行为,是一个意识清醒却无法行动的人将自己对生命的处分权授权他人的行为。假如"安乐死"有罪,那么请问公诉人,自杀这种以作为的方式结束自己生命的行为是否也有罪呢?假如"安乐死"有罪,那么请问公诉人,无法行动的人对自己生命的处分权又如何来保障呢?允许一个健康的人以作为的方式结束自己的生命,而又禁止一个无法行动的人以授权的方式结束自己的生命,难道这符合法律面前人人平等的原则吗?具体到本案,被告人的母亲多次表达了其想早点死去解脱痛苦的意愿。被告人实施"安乐死"行为完全是基于其母亲真实意愿,帮助其母亲行使生命处分权,如此而已,何罪之有?

其次,我当事人王晶作为张洁的主治医生,他比谁都清楚张洁的病情,张洁的病情使本案缺少期待可能性,看着张洁得了绝症无法医治,其和其家人长期活在痛苦中,换作任何一个良心未泯的人,都是于心不忍的,更何况是一个以救死扶伤,减轻患者痛苦为己任的医生呢。难道真的要让患者活着痛苦中,让她和她的家人为了毫无希望治愈的绝症身心俱疲,负债累累吗?难道那样就是正确的吗?

再者,我当事人在梅翔提出对其母亲进行安乐死的时候并没有答应,而是在其苦苦哀求,并且充分考虑当时的主客观环境才给其安眠药,这说明我当事人并没有任何犯罪故意。试问,我当事人在没有任何犯罪故意的情况下,做了一个医生真正该做的事情却被指控为故意杀人,这难道是大家所愿意看到的吗?

因此,起诉书指控我当事人王晶涉嫌故意杀人是不成立的,请合议庭仔细商议并采纳。

审判长(汪学良):公诉人可以进行答辩。

公诉人(黄振):公诉人刚才听取了被告人及其辩护人的辩护意见,有以下几点需要说明。第一,关于本案被告人之一梅翔的辩护人刚才提出被告人梅翔的行为不构成故意杀人罪,我方对此予以反对。首先,被告人梅翔的行为侵犯的客体是他人的生命权。在我国,无论公民的年龄、性别、种族、职业、生理及心理状态如何,其生命均受法律保护。本案中,被害人张洁虽然身患绝症,但是其生命权依然受法律保护,不容他人剥夺。其次,在客观方面,被告人实施了非法剥夺他人生命的行为。在我国,法律只赋予公民在正当防卫中具有剥夺不法侵害者生命的权利。很显然,被告人梅翔的行为是非法的。再次,被告人梅翔是已满65周岁,具有完全刑事责任能力的自然人,应当对自己的行为负责。最后,在主观方面,被告人梅翔具有杀人故意。根据《中华人民共和国刑法》第十四条之规定,"故意"是指明知自己的行为会发生危害社会的结果,并且希望或者放任这种结果发生的一种心理态度。被告人明知张洁吃下安眠药会导致张洁死亡,并且希望这种结果发生,显然是故意。因此,被告人梅翔的行为完全符合故意杀人罪的构成要件,已构成故意杀人罪,请法庭予以采纳。第二,关于本案另一个被告人王晶的辩护人刚才提出的第二被告人王晶的行为不构成犯罪,我方对此也予以反对。首先辩护人提出了"安乐死"是被害人张洁对自己生命权的处分,是一种授权行为,我们都清楚,经权利人承诺的行为是一种违法阻却事由,但是前提首先是承诺者对被侵害的法意具有处分权,且不能违背明显违背强制性、禁止性的法律法规和社会公共利益。而人的生命权是不能由行为人自己处分的或者说生命权是不能放弃的,所以经请求或者同意剥夺他人生命,不能排除故意杀人罪的成立,典型的就如本案中的"安乐死"。其次,第二被告人王晶作为受害人的主治医师,非但不以救死扶伤作为自己的义务,竟然还以减轻被害人的痛苦为由,违规向第一被告梅翔提供安眠药,协助第一被告人非法剥夺了被害人的生命,按照辩护人的理解其行为是在他人已有自杀意图的情况下,帮助他人自杀的行为,这是一种受托杀人,尽管对杀人者来说这是一种自杀,但对于帮助者来说这是一种杀人,因而是帮助杀人与杀人的想象竞合。在这种情况下,即使有自杀者的承诺,也不能成为杀人者的免责事由,对此仍应按故意杀人罪处理。再者,第一被告梅翔的苦苦哀求及此种无任何法律上效力的责任保证书根本就不能作为第二被告王晶帮助杀人的理由以及其无罪的抗辩。所以应认定第二被告王晶有主观上的犯罪故意。

审判长(汪学良):被告人梅翔的辩护人对此有无异议?

辩护人(周晓芬):公诉人指出生命权受法律保护,不容他人剥夺,但是对方并不否定人可以放弃自己的生命。本案中被告人的母亲为尽快摆脱疾病的折磨,自愿放弃自己的生命,被告人基于减轻其母亲痛苦的善良动机实施"安乐死",完全符合其母亲的授权行为和真实意愿,没有任何犯罪故意。

审判长（汪学良）：被告人王晶的辩护人对此有无异议？

辩护人（王益）：我同意梅翔辩护人的观点，并在此基础上补充以下几点，我当事人不仅是一名医生，更是医学伦理研究院的研究员，他对于"安乐死"的理解，比一般人都要深刻，态度也更加谨慎，他之所以同意梅翔以"安乐死"的方式结束其母亲的生命，完全是基于张洁身患绝症无法治愈，长期生活在痛苦中的客观事实和张洁自己希望以"安乐死"结束生命的主观意愿，在此基础上，还充分考虑了梅翔的家庭条件做出的无奈之举啊，何罪之有啊。请合议庭仔细商议并采纳。

审判长（汪学良）：公诉人是否还有新的意见？

公诉人（黄振）：没有了。

审判长（汪学良）：被告人梅翔是否还有新的意见？

被告人（梅翔）：没有。

审判长（汪学良）：被告人王晶是否还有新的意见？

被告人（王晶）：没有。

审判长（汪学良）：辩护人是否还有新的辩护意见？

辩护人（周晓芬）：没有了。

辩护人（王益）：没有了。

审判长（汪学良）：法庭辩论结束。

★【被告人最后陈述】

审判长（汪学良）：被告人梅翔，根据法律规定现在你可以就本案的事实、证据，罪行有无及轻重，对犯罪的认识以及定罪、量刑方面的要求等，作最后的陈述。你还有要向法庭陈述的吗？

被告人（梅翔）：审判长、审判员，我只是一名普通的电工，没有读多少书，也不懂法律。但我知道做什么事情都要凭着自己的良心。试问世上有谁会那么狠心杀死自己的亲生母亲呢？可我又有什么办法啊？你们知道我做出这个选择的时候心里承受多么大地折磨吗？就算我的做法很多人无法接受，但我要说，我只是希望能完成母亲人生的最后一个愿望，我问心无愧，因为这是我能为母亲做的最后一件事了！从母亲离开人世的那一刻开始，我就不曾想在这世间苟活。就算法庭判我死刑，我也毫无怨言！但是，无论判我什么罪，就是不能说我故意杀人，我希望法律能够还我一个公道！

审判长（汪学良）：被告人王晶，根据法律规定现在你可以就本案的事实、证据，罪行有无及轻重，对犯罪的认识以及定罪、量刑方面的要求等，作最后的陈述。你还有要向法庭陈述的吗？

被告人（王晶）：审判长。人非草木谁能无情。我只是本着一个善良人的心态，去做了一个帮助对生活绝望的人的事。而作为一个医生，我曾经也救人无数，而作为医生也比任何一个职业更加能明白生命的意义。从未想过去还一个人，更加没有想过去害一个病人。对于梅翔母亲，只是纯粹地想帮帮他们。

审判长（汪学良）：现在休庭 20 分钟，由合议庭进行评议，评议结果当庭宣判。（敲击法槌）

审判长（汪学良）：请法警把被告人梅翔、王晶带下去！

书记员（缪晓菡）：全体起立，请审判长、审判员退庭。

★【法庭判决阶段】

（20 分钟后）

书记员（缪晓菡）：全体起立，请审判长、陪审员入庭。

审判长（汪学良）：请坐！

审判长（汪学良）：（敲击法槌）现在继续开庭！请法警传唤被告人梅翔、王晶到庭！

审判长（汪学良）：本案经庭审调查、辩论，被告人作了最后陈述。合议庭在充分听取了控辩双方意见的基础上进行了评议并作出决定。

浙江省湖州市中级人民法院刑事审判第一庭今天在这里公开审理了由湖州市人民检察院提起公诉的被告人梅翔、王晶故意杀人一案。本院经审理查明：被告人梅翔在被害人张洁身患绝症，病危难愈的情况下，给被害人服下安眠药，致其死亡，其行为显然属于故意剥夺他人生命权利的行为，由现场勘验鉴定和证人证言为证，事实真实清楚，证据确实充分。辩护人辩称被告人没有主观故意，与事实不符，本院不予支持。而被害人的主治医生知道梅翔安眠药的用处，仍提供安眠药是放任被害人死亡结果的发生，由物证、证人证言为证，事实真实清楚，证据确实充分。辩护人辩称被告人没有主观故意，与事实不符，本院不予支持。综上，可以确认被告人梅翔、王晶有杀害被害人的主观故意。

本院认为，被告人梅翔、王晶预见到其行为会导致被害人张洁的死亡，并积极地追求这种结果发生，最终导致了被害人的死亡，其行为已符合了《中华人民共和国刑法》第二百三十二条关于故意杀人罪本罪的相关规定。但被告人梅翔、王晶不是为了摆脱经济、精神负担或出于其他个人目的而追求被害人张洁死亡结果的发生，而是为了减轻其濒死的病痛，考虑到其后果显著轻微，社会危害性小，且认罪态度积极，被告人梅翔、王晶的行为虽不可说没有社会危害性，但是它不具有刑法规定的构成犯罪的社会危害性，做出此等行为实属无奈。根据被告人梅翔的犯罪事实、情节、性质以及对社会的危害程度，综合考虑行为人"杀人"

行为的动机(解脱病痛的折磨)、"杀人"所使用的方法(给病人服用安眠药,使病人在昏睡中死去)、"杀人"行为与死亡结果的因果关系,以及"杀人"行为的危害(将即将出现的死亡结果人为地提前),可以得出行为情节显著轻微且危害不大的结论。依照《中华人民共和国刑法》第十三条、第六十七条第一款及《中华人民共和国刑事诉讼法》之相关规定,现判决如下:

湖州市人民检察院指控梅翔、王晶故意杀人罪成立,免予刑事处罚,被告人梅翔、王晶予以当庭释放。

如不服本判决,可在接到判决书的次日起十日内,通过本院或直接向浙江省高级人民法院提出上诉。书面上诉的应当提交上诉状正本一份,副本三份。

审判长(汪学良):现在闭庭!(敲击法槌)

书记员(缪晓菡):全体起立,请审判长、审判员退庭。

书记员(缪晓菡):(审判人员退庭后)旁听人员退庭。

图书在版编目（CIP）数据

模拟法庭演练 / 王伟主编. —杭州：浙江大学出
版社，2012.8（2017.2重印）
ISBN 978-7-308-10361-9

Ⅰ. ①模… Ⅱ. ①王… Ⅲ. ①审判－案例－中国
Ⅳ. ①D925.05

中国版本图书馆 CIP 数据核字（2012）第 184969 号

模拟法庭演练

王　伟　主编

责任编辑	余健波	
封面设计	朱　莹	
出版发行	浙江大学出版社	
	（杭州市天目山路 148 号　邮政编码 310007）	
	（网址：http://www.zjupress.com）	
排　　版	杭州好友排版工作室	
印　　刷	杭州日报报业集团盛元印务有限公司	
开　　本	710mm×1000mm　1/16	
印　　张	14.5	
字　　数	276 千	
版 印 次	2012 年 8 月第 1 版　2017 年 2 月第 3 次印刷	
书　　号	ISBN 978-7-308-10361-9	
定　　价	35.00 元	